suhrkamp taschenbuch 1212

Michelangelo Antonioni, geboren am 29. 9. 1912 in Ferrara, studierte zunächst Volkswirtschaft. 1942 war er Regieassistent Marcel Carnés bei dem Film Les visiteurs du soir und drehte danach mehrere Kurzfilme. Erst mit 38 Jahren konnte er seinen ersten Spielfilm – *Crònaca di un amore*, dt. *Chronik einer Liebe*, 1950 – inszenieren. Der Film *Zabriskie Point* entstand 1969.

»Wenn es auch klar ist, daß wir hier ein Märchen vor uns haben, so entzückt es uns doch…

Fest steht, daß die Jugend der Siebziger Jahre sowohl die Liebesszenen als auch die Schluß- und Zerstörungssequenz als inbrünstigen Wunsch, als Beschwörung verstanden hat. Die Träume der Ohnmächtigen sind süß und betörend, farbig und gewalttätig: Glück und Untergang verschmelzen in ihnen… Etwa die Bilder der Explosionen konnte man nur mit diesen, und wahrhaft alttestamentarischen Gefühlen ansehen: denen des Zorns und der Rache…

Vor dem Hintergrund der Umweltschutz- und der Friedensbewegung muß *Zabriskie Point* neu und anders gesehen werden…

Zabriskie Point wird ein Film der Jungen bleiben, derjenigen, die mit der Welt, wie sie ist, ihren Frieden noch nicht gemacht haben: Kafka hat von dem gefrorenen Meer in uns gesprochen, das es aufzuhacken gilt. In dem Bild zeigt sich zuletzt das ganze menschliche Dilemma: Da der Wunsch nach Frieden, nach allseitiger Harmonie, mit der Welt, wie sie ist, kollidiert, wird er seinerseits unfriedlich, gewalttätig: Jetzt plötzlich erscheint die Macht als ein Gut, und es fragt sich nur, welche.«

Peter Rosei im Nachwort

Michelangelo Antonioni
Zabriskie Point

Nachwort von Alberto Moravia

Übersetzt von Peter Rosei
unter Mitarbeit von Christa Pock

Nachwort zur deutschen Ausgabe
von Peter Rosei

Mit 6 Abbildungen

Suhrkamp

Titel der Originalausgabe: *Zabriskie Point*
Umschlagfoto: Zabriskie Point, Californien.
Mit freundlicher Genehmigung der Death Valley
Natural History Association.

suhrkamp taschenbuch 1212
Erste Auflage 1985
© Copyright der Originalausgabe
1970 by Cappelli editore, Bologna
© der deutschen Übersetzung Suhrkamp Verlag
Frankfurt am Main 1985
Suhrkamp Taschenbuch Verlag
Alle Rechte vorbehalten, insbesondere das
des öffentlichen Vortrags, der Übertragung
durch Rundfunk und Fernsehen
sowie der Übersetzung, auch einzelner Teile.
Satz: IBV Satz- und Datentechnik GmbH, Berlin
Druck: Nomos Verlagsgesellschaft, Baden-Baden
Printed in Germany
Umschlag nach Entwürfen von
Willy Fleckhaus und Rolf Staudt

1 2 3 4 5 6 – 90 89 88 87 86 85

Zabriskie Point

Blicke, Äußerungen, Gesten, Gebärden. Verschwommene Flecken. Eine Hand, die sich hochstreckt, um das Wort zu ergreifen, eine andere, die hindeutet; Gesichter von jungen Leuten, schwarze und weiße Jungen und Mädchen, die gespannt zuhören oder reden.

Über diese Bilder, von dunkeloranger Farbe, läuft der Vorspann. Die Bilder werden nach und nach schärfer, der dunkelorange Ton macht allmählich realistischen Farben Platz. Eine Studentenversammlung ist im Gang. Die Diskussion wird von einem sehr schönen, schwarzen Mädchen geleitet, die wir Schwarzes Mädchen I nennen werden. An ihrer Seite sitzen ein Schwarzer – Schwarzer Jugendlicher I – und Weiße.

Ein beliebiger, überfüllter Saal. Viele sitzen am Boden oder auf Tischen. Es wird angeregt und auch etwas durcheinander diskutiert. Allgemeine Reaktionen, Gelächter, Hintergrundgeräusche: die typische Atmosphäre von Studentenmeetings.

Die Sequenz ist in vier Zeitabschnitte unterteilt, ebenso vielen Diskussionsthemen entsprechend.

1. Studentenversammlungssaal. Innen. Abend.

I

SCHWARZER JUGENDLICHER I Es ist die alte Geschichte, die sich jetzt schon seit dreihundert Jahren abspielt. Wenn ihr so intelligent seid, warum habt ihr euch nicht von Anfang an mit uns zusammengetan? Jetzt können wir nichts anderes tun als hingehen und denen sagen: Entschuldigt vielmals, aber die Universität ist geschlossen, im Streik. Wir werden pfeifen, wenn es vorbei ist.

Applaus und Kommentare.

WEISSES MÄDCHEN I Was würdet ihr davon halten, damit anzufangen, die Anwerbung von Soldaten hier auf der Universität zu boykottieren?

SCHWARZER JUGENDLICHER II Da gibts nur eines: Geht in die Anwerbungsbüros, nehmt eine Flasche, füllt sie mit Benzin, macht einen Korken drauf...

Reaktionen.

WEISSER JUGENDLICHER I Ja... aber wenn wir statt dessen die Soziologie in die Luft sprengen wollen?

SCHWARZER JUGENDLICHER I *(off)* Du, hör zu, ein Molotov-Cocktail ist ein Gemisch aus Benzin und Kerosin. Ein radikaler Weißer ist ein Gemisch aus Geschwätz und Scheiße.

Heftigste Reaktionen.

WEISSES MÄDCHEN II *(off)* Hört zu, ich fühl' mich nicht dazu verpflichtet, mich vor euch als echter Revolutionär auszuweisen; aber es gibt viele weiße Studenten, die draußen auf den Straßen sind, um zu kämpfen, genauso wie ihr es im Ghetto macht. Und dann... und dann gibt es auch einen Haufen unzufriedener Weißer, die potentielle Revolutionäre sind.

SCHWARZER JUGENDLICHER I *(off)* Leute, wir reden hier immer das gleiche Zeug. Wenn sie euch ins Gefängnis stecken, weil sie bei euch ein bißchen Marihuana finden, da... dann werdet ihr revolutionär. Doch es ist dann, wenn sie dir den Schädel einschlagen, wenn sie dir die Tür eintreten, wenn sie dich daran hindern zu leben, in die Schule zu gehen, eine Arbeit zu finden, ja dann ist der Moment, daß du Revolutionär wirst. Das

ist der Grund, warum... das ist der Grund, warum ihr
sagt, wir Schwarzen leben in einer anderen...
Sich überlagernde Stimmen.
WEISSES MÄDCHEN III Warte einen Moment, Moment
mal. Du sprichst... du sprichst gerade zu weißen Studenten. Ich glaube, daß wir es verstehen... viele von
uns verstehen, was die Schwarzen zu Revolutionären
werden läßt. Aber was, was macht die Weißen revolutionär? Das ist das, was...
SCHWARZES MÄDCHEN I *(off)* Die gleichen beschissenen
Gründe, die aus den Schwarzen Revolutionäre machen.
WEISSES MÄDCHEN III Aber es passiert nicht auf die gleiche Art!
WEISSES MÄDCHEN I Es wird passieren, keine Angst! Du
brauchst nichts aus den Angeln zu heben, damit es
passiert... Du kannst dem zuvorkommen wollen, das
schon, du kannst es heruntermachen, du kannst irgend etwas tun... aber nicht...
WEISSES MÄDCHEN III *(off)* Zum Beispiel?
SCHWARZES MÄDCHEN I Dieses Land treibt in den Fa-
schismus, seid ihr euch dessen bewußt? Ich meine,
also... die Polizei haben wir jetzt in der Uni. Und
dann? Wo wollt ihr sie noch? Daß sie mit uns im Unterricht sitzen? Und dann? Im Haus? Und dann? Auf
der Straße, wenn ihr ausgeht?
Wirre Zwischenrufe.
SCHWARZES MÄDCHEN I *(off)* Ist es das, worauf ihr wartet, um revolutionär zu werden? Ich kann euch nur ra-
ten: sperrt die Universität zu, und Schluß. Und keiner,
keiner darf kommen, um uns auf die Nerven zu gehen.
Wenn er es doch tut, dann auf eigenes Risiko und ei-

gene Verantwortung. Und wenn die beschließen werden, die Uni wieder aufzumachen, werden sie gezwungen sein, sie zu unseren Bedingungen wieder aufzumachen.

Verschiedene sich überlagernde Stimmen.

WEISSER JUGENDLICHER II Ja... aber warum, warum... ich meine, warum soll man die aufhalten, die in den Unterricht wollen? Warum?...

SCHWARZES MÄDCHEN I Weil sie gegen uns sind, weil sie uns daran hindern, das zu bekommen, was uns zusteht. Mit allen Mitteln haben wir es versucht, wir haben verhandelt, gebeten, Manifeste geschrieben. Wir haben einen Dreck erreicht.

Applaus. Beifall.

WEISSES MÄDCHEN IV *(off)* Nun. Wir haben die heutige Versammlung erreicht.

WEISSER JUGENDLICHER III Das ist schon etwas...

II

SCHWARZES MÄDCHEN I Ich denke... und nicht nur ich, alle wissen, daß der grundlegende Aspekt... der wesentliche Punkt jeder Form des Guerillakrieges der ist, daß der Feind unsichtbar ist. Die Dinge ereignen sich, und sie wissen nicht wo, wissen nicht wie. Diejenigen, die so handeln, daß sie die Aufmerksamkeit auf sich ziehen, machen es absichtlich, gerade um die Aufmerksamkeit von den anderen abzulenken, die...

WEISSER JUGENDLICHER IV *(off) (der Satz überschneidet sich mit dem folgenden)* Ja, aber ich glaube nicht, daß wir schon bei diesem Punkt angelangt sind. Wir haben gerade damit begonnen, das Volk mit hineinzuziehen.

Machen wir uns keine Illusionen, wir sind noch eine Minderheit… Wir haben nicht einmal die Unterstützung der Weißen. Wir brauchen Massenkundgebungen, die wirksam sind, die…

SCHWARZES MÄDCHEN I Wenn ihr diese Universität schließen wollt, was interessiert…

Unklare Stimmen. Durcheinander.

Einen Augenblick… Moment. Die Vereinigung der Schwarzen Studenten will doch nicht etwa eine Schau abziehen, aber wenn es das ist, was ihr wollt, schließt die Universität und basta.

Lebhafte Kommentare.

WEISSER JUGENDLICHER V Mit dem, was du sagst, bin ich nicht einverstanden, weißt du… Ich meine, was die Unterstützung der Weißen anbelangt… weil… das ist schließlich nicht so wichtig. Denn wenn morgen unsere Bewegung Erfolg hat, wird es so ausgehen, daß jeder Student… jeder einzelne Student, egal ob er im Kampftrupp ist oder nicht, ob weiß oder schwarz, ein Feind sein wird. Dadurch wird es viel leichter sein, einen Druck aufrechtzuerhalten, der… alle gemeinsam werden wir zu einer Volks-, einer Massengefahr…

WEISSER JUGENDLICHER VI Sicher. Nun ja, eigentlich bin ich auch der gleichen Meinung.

Sich überlagernde Stimmen.

SCHWARZES MÄDCHEN I Wir müssen das organisieren, was die Vereinigung der Schwarzen Studenten gerade tun wollte.

III

WEISSER JUGENDLICHER VII Es ist kein Kaffee mehr da. Kannst du noch welchen machen?

WEISSES MÄDCHEN V Gibt es keinen Mann hier, der Kaffee machen kann?

Gelächter.

SCHWARZES MÄDCHEN I Wir hören dir zu.

WEISSER JUGENDLICHER VIII Ich schlage vor, Gruppen aus vier oder fünf von uns zu bilden, die vor der Universität draußen bleiben, und die sich in einem bestimmten Moment von hinten auf die Polizisten zubewegen…

OFF-STIMME I Ach geh!…

WEISSER JUGENDLICHER VIII Ja… ich meine als Verteidigungstaktik, so daß man den anderen die Zeit läßt zum Erreichen…

Gelächter. Ironische Kommentare.

OFF-STIMME Ach hör doch auf!

SCHWARZES MÄDCHEN I Augenblick, Moment mal, wartet doch!

OFF-STIMME II Eignen sich Autos für Barrikaden?

SCHWARZES MÄDCHEN I Autos?

ANDERE OFF-STIMME Innerhalb der Universität?

OFF-STIMME III Warum nicht?

SCHWARZES MÄDCHEN I Nun… als Taktik…

OFF-STIMME IV Warum bringst du nicht deines?

Gelächter.

OFF-STIMME III Es ist ein blauer Ford, paßt er dir?

OFF-STIMME IV Du, du bring ihn her, das weitere laß meine Sorge sein…

IV

Durcheinander. Mit Mühe kennt man die Stimme des Jugendlichen I und des Schwarzen Mädchens I heraus.

— Wir, wir sprechen gerade von einer Gemeinschaft, bist du dir darüber im klaren oder nicht? Wir sprechen eben von... Ist es möglich, daß ihr nicht in der Lage seid zu kapieren, daß, solange wir so rebellieren wie jetzt, wir nicht in einer Gemeinschaft leben können?

— Aber wer weiß das? Auch dir...

— ...du nicht...

— Aber du redest von...

— Na, sag mal, willst du allein zu Hause sitzen bleiben, ohne Hosen?

SCHWARZES MÄDCHEN I Ruhe!

SCHWARZER JUGENDLICHER II Es gibt nur eine Art, mit den Weißen zu reden, und das ist in ihrer eigenen Sprache... wenn sie mit den Waffen sprechen, antworte ihnen mit Waffen. Das ist sehr einfach.

WEISSER JUGENDLICHER IX Bist du denn bereit zu sterben?

SCHWARZER JUGENDLICHER I *(off)* In diesem Land sind schon viele Schwarze gestorben und viele weitere sterben gerade. Wenn wir also an der Spitze der Bewegung stehen, dann deshalb, weil wir selbst die Folgen tragen.

Mark, ein junger Mann, der in einer Ecke sitzt — er hat die Gespräche sehr aufmerksam verfolgt —, erhebt sich an dieser Stelle und mischt sich ein.

MARK Auch ich bin bereit zu sterben...

Alle drehen sich um und schauen ihn an.

MÄDCHENSTIMME *(off)* Allein?

MARK Aber nicht aus Langeweile…
Marks Satz ruft Unruhe hervor.
WEISSER JUGENDLICHER I Wer zum Teufel ist das?
Ein Freund von Mark, Morty, tritt vor, während Mark hinausgeht.
MORTY Nein, nein, ist schon gut. Er wohnt mit mir zusammen. Vielleicht sind Versammlungen nicht seine Stärke.
WEISSER JUGENDLICHER VI Wenn er nichts dafür über hat, mit uns zusammenzusein, hätte er ja nicht zu kommen brauchen.
MORTY *(off)* Und warum? Wer ist es denn, der unterscheiden muß, ob er mit uns zusammensein will oder nicht?
WEISSER JUGENDLICHER V Ach, was ist das für ein Blödsinn, daß Versammlungen nicht seine Stärke sind. Wenn er ein Revolutionär sein will, muß er mit den anderen zusammensein, sonst…
MORTY *(off)* Aber deshalb ist er ja hergekommen, um sich darüber klarzuwerden…
WEISSER JUGENDLICHER V Es gibt keinen Revolutionär ohne die anderen. Was wär' Lenin ohne die Organisation gewesen, oder wär' Castro ohne die Organisation… Sogar die Anarchisten haben ihr Leben in Versammlungen verbracht, zum Teufel noch mal!
SCHWARZER JUGENDLICHER I Dem Typen da… sagt ihm, daß er anfangen soll, das rote Buch zu lesen, auf der ersten Seite, wo es heißt, daß nirgends eine Revolution ausbrechen kann, ohne daß es eine revolutionäre Partei gibt. Und daß er, wenn er so weitermacht, mit seinem bürgerlichen Individualismus… er noch dabei draufgehen wird.

WEISSER JUGENDLICHER V Bis zum letzten Blutstropfen
gegen den bürgerlichen Individualismus!
Gelächter.

2. Sunnydunes-Büros. Innen. Später Nachmittag.

*Ein Mädchen kommt hereingelaufen, durchquert die
Halle und kommt beim kreisförmigen Pult an, in dessen
Mitte, auf einem Drehstuhl, der Portier sitzt. In der Zwi-
schenzeit taucht eine Frau auf, die eine Pistole an der
Hüfte hat. Die Frau wendet sich dem Portier zu.*

FRAU Eine Tür im Dritten war offen, aber jetzt ist alles
in Ordnung.

*Das Mädchen schaut sie flüchtig an, dann dreht es sich
zum Portier hin.*

DARIA Man kann aufs Dach rauf. Können Sie... ich
meine, lassen Sie mich hinaufgehen?

Der Portier schüttelt den Kopf.

PORTIER Vorschrift.

DARIA Ich muß ein Buch holen, das ich in der Mittags-
pause oben liegengelassen habe.

PORTIER Welches Buch? Warum essen Sie nicht in der
Kantine?

*Weibliche Stimmen, die aus einem der im Inneren des
Pultes angeordneten TV-Monitoren kommen, veranlassen den Portier, sich zu dem kleinen Bildschirm umzudrehen. Zwei Wärterinnen gehen gerade einen Gang ab.*

FRAU I Wie ist dein Urlaub verlaufen?

FRAU II Gut.

FRAU I Wir sehen uns später.

DARIA Wer kann mir denn die Erlaubnis geben?

*Der Portier deutet mit einer Bewegung auf die Person,
die eben in dem Moment aus dem Lift herauskommt, auf
einen Mann um die fünfundvierzig Jahre.
Die Szene ist gleichzeitig in der Wirklichkeit und auf dem
kleinen TV-Monitor zu sehen.*

PORTIER Guten Abend, Herr Allen.

ALLEN Guten Abend, Tom.

PORTIER Spät geworden heute abend.

*Herr Allen hat Daria bemerkt und kommt zu ihr hin. Er
bleibt zwei Schritte vor dem Mädchen stehen.*

ALLEN Ja, ich hatte zu tun... Kann ich Ihnen helfen?

DARIA Hm! Ich hoffe es. Ich habe heute eine der Sekretä-
rinnen ersetzt und bin hinaufgegangen... in der Mit-
tagspause nämlich, und hab da was vergessen...

PORTIER ...ein Buch.

ALLEN Sie sind Sekretärin?

DARIA Nun, eigentlich ist es nicht mein Fall. Ich arbeite
nur dann, wenn es unbedingt sein muß.

3. Straßen in der Peripherie und in anderen Gegenden von Los Angeles. Außen. Vormittag.

*Eine Kuh auf blauem Grund: ein großes Werbebild, auf
die Seitenwand eines Lastwagens gemalt. Dieser durchfährt die Bildfläche und verdeckt dadurch einen Mann,
der gerade einer über eine Wiese verstreuten Schweine-
herde das Futter zuwirft. Die Szene, auch sie gemalt, bedeckt zur Gänze ein Gebäude. Es stellt sich heraus, daß
wir eine Straßenfront in einem mit Industrie durchsetz-
ten Neubauviertel vor uns haben. Die Straße entlang
fährt ein alter, verschossener roter Kleinlastwagen. Am*

Steuer sitzt Mark, neben ihm Morty. Sie reden und lachen.

In einer anderen Straße kommen, aus entgegengesetzter Richtung, zwei motorisierte Polizisten auf sie zu. Vom Fenster aus macht Mark mit der Hand ein Grußzeichen. Sobald die Polizisten vorbei sind, verwandelt sich der Gruß in eine Beschwörungsgeste.

Weitere Plakate. Schilder: Aufschriften. Man liest: BETHLEHEM STEEL – LADEWIG Company – DANOLA Ham & Bacon – BROWN BEVIS Industrial – PACIFIC METALS – HELLER MACHINERY. Auf der Rückwand eines Lastwagens: TRANSCON FREIGHY LINERS. Ein wirres Durcheinander von metallischen Strukturen, von Farben, Trümmern, Gitterwerk, eine Industrielandschaft, die dann zu einer Stadt wird, mit der für jede »downtown« typischen Wolkenkratzergruppe.

Eine von Palmen gesäumte Allee. Eine rote Ampel. Marks Kleinlastwagen bleibt nicht stehen, fährt um ein Haar gegen zwei Autos, provoziert quietschendes Bremsen; und ab durch die Mitte. Mark und Morty lachen vergnügt. In einem der Autos, die schroff abgebremst haben, befinden sich zwei Mädchen. Man sieht, hinter den Sitz gesteckt, zwei Tennisschläger. Eines der Mädchen hat Mark erkannt und macht eine Grußgeste zu ihm hin. Hastig, den Arm zum Fenster hinausstreckend, antwortet Mark.

MORTY Wer ist das?

MARK Ein Mädchen aus meiner früheren Vergangenheit.

MORTY Wie heißt sie?

Mark stockt. Er scheint etwas verärgert darüber, Erklä-

rungen abgeben zu müssen. Dann fährt er fort:

MARK Alice. Meine Schwester!

Morty zieht Vordrucke heraus und beginnt etwas zu schreiben.

MARK Was ist das für ein Zeug?

MORTY Ein Formular, im Falle einer Massenverhaftung. Sie lassen dich früher frei, wenn du es ihnen schon ausgefüllt gibst.

MARK Immer bereit. Habt ihr keinen anderen Slogan?

MORTY Man muß realistisch sein.

MARK Hör zu, an dem Tag, an dem ihr beschließen werdet, nicht klein beizugeben, werde ich der Bewegung beitreten.

MORTY Es gibt sehr viele Leute, die keine Wahl haben. Für viele ist es eine Überlebensfrage.

MARK Das sag' ich ja. Im Ernst.

MORTY Was?

MARK Ich spaße nicht. Ich hab' die Nase voll davon. Die Kerls reden von Gewalt, und die Polizei übt sie aus. Du hast doch heute diesen Trottel gehört... er sagte, daß man erst dann eingreifen darf, wenn es notwendig ist. Für mich ist es früher nötig.

Marks Kleinlastwagen bremst vor dem Eingang einer Universität ab. Eine Gruppe von Demonstranten zieht daran vorbei und leiert Slogans herunter.

Morty steigt aus dem Kleinlastwagen, der in der Zwischenzeit stehengeblieben ist. Vor dem Weggehen sagt Morty:

MORTY Jedenfalls wird der Streikposten den ganzen Tag vor dem Rektorat bleiben.

MARK Ist gut.

Der Kleinlastwagen fährt wieder weg.

4. Polizeiwache. Innen. Tag.

Zwei Telefonisten. Ein Polizist nimmt einen Zettel aus einer Kartei. Währenddessen hört man die Stimme eines anderen Polizisten – im typischen Tonfall von jemandem, der über Funk spricht – Anweisungen geben.

POLIZIST *(off)* Hier Kontrolle Eins an Streife Eins L Fünf Eins. Ihr seid fertig für heute, Streife Eins L Fünf Eins. Ende.

POLIZEIAUTO *(off)* Zehn Vier Eins L Fünf Eins. Ende.

Mark ist soeben hereingekommen. Er bleibt in der Nähe des Pults, hinter dem der Polizist ist, stehen.

POLIZIST Was gibt's?

MARK Sie haben einen Freund von mir heute morgen verhaftet. Ich wüßte gern, ob er schon entlassen worden ist.

POLIZIST Einen der Studenten?

MARK Ja.

POLIZIST Sie sind gerade dabei, sie zu registrieren. Es wird etwas dauern. Setz dich.

MARK Dauert es lange?

POLIZIST Fünf Minuten. Oder fünf Stunden.

MARK Danke.

5. Polizeiwache. Außen. Tag.

Mark kommt verärgert heraus. Sein Blick fällt auf einen Polizeihubschrauber, der genau in dem Moment vom davorliegenden Platz abhebt.

6. Polizeiwache. Innen. Tag.

Eine Gruppe von Jugendlichen, mit dem Rücken zu uns, hinter den Gitterstäben einer Zelle. Eine weitere Gruppe, einer neben dem andern, an der Wand des Büros. Unter ihnen ein Verwundeter mit einer blutbefleckten Binde um den Kopf.
Ein Polizist durchsucht einen Jugendlichen, der die Hände zum Gitter hochgestreckt hat. Ein anderer führt das gleiche bei einem etwa siebenunddreißigjährigen Mann mit Bart und Brille durch.

POLIZIST Leer die Taschen aus.

SERGEANT Name?

PROFESSOR George S. Pollit.

POLIZIST Die Hände rauf.

SERGEANT Pollit?

Der Polizist durchsucht ihn mit schnellen, routinierten Griffen.

PROFESSOR P-O-L-L-I-T.

SERGEANT Keinen anderen Namen? Auch bekannt als?

PROFESSOR Nein.

POLIZIST Nimm die Brille ab.

SERGEANT Adresse?

PROFESSOR 1152 Stuntman.

SERGEANT Welche Stadt?

PROFESSOR Alhambra.

SERGEANT Beschäftigung?

PROFESSOR Außerordentlicher Professor für Geschichte.

SERGEANT Das ist zu lang, George. Schreiben wir »Beamter«. Geld in der Brieftasche?

PROFESSOR Zwei Dollar.

Der Professor dreht sich zu den entlang der Mauer in Reih und Glied stehenden Studenten hin.

PROFESSOR Einige dieser Burschen müssen ärztlich versorgt werden...

SERGEANT Du hast nicht gesagt, daß du auch Doktor bist.

7. Polizeiwache. Außen. Tag.

Vor dem hinteren Gefängniseingang hält ein mit festgenommenen Studenten beladener Autobus. Zwei weitere stehen schon davor. Sie werden von einigen Polizisten bewacht, die untereinander und auch mit den Studenten plaudern.
Mark kommt dazu, nützt die Ablenkung der Polizisten aus und nähert sich dem Tor.

8. Polizeiwache. Innen. Tag.

Er tritt ein. Der Eingang ist ein schmaler und kurzer Flur, der vom Büro durch eine Gittertür abgetrennt ist. Mark bleibt stehen und schaut durch die Gitterstäbe hinein.
Sofort erkennt er Morty unter den Festgenommenen und grüßt ihn mit einem Wink.
Inzwischen hat sich ein Polizist dem Gitter genähert.

POLIZIST Und du, wer bist du?

MARK Ein Freund von mir ist hier. Ich komme, um die Kaution für ihn zu bezahlen.

POLIZIST Hier kannst du nicht bleiben. Verschwinde!

MARK Ich hab' geglaubt, daß, wenn einer kommt, um die Kaution zu zahlen...

POLIZIST Ich hab' geglaubt! Du hast wohl geglaubt, daß die Vorschrift nicht für dich gilt? Du glaubst, jemand Besonderer zu sein. Raus!

Anstatt zu gehorchen wendet Mark sich Morty zu.

MARK He... Brauchst du irgendwas?

Der Polizist dreht sich zu dem Sergeanten auf der anderen Seite des Gitters. Blick des Einverständnisses zwischen den beiden. Der Sergeant drückt einen Knopf, die Gittertür geht auf. Mit der Miene dessen, der erreicht hat, was er wollte, tritt Mark ein.

POLIZIST So, da hast du's, jetzt kannst du deinen Freund sehen.

Kaum hat er den Satz beendet, überwältigt er Mark mit einem schnellen und professionellen Griff: Er umklammert mit einem Arm seinen Hals, zieht ihn dann hinein, wirft ihn gegen das Gitter und sagt dabei unter den lauten Protestrufen der anderen Studenten und des Professors:

POLIZIST Die Hände rauf.

SERGEANT *(off)* Was für ein Tag!

Dann wendet er sich an Mark, um die übliche Feststellung der Personalien durchzuführen.

SERGEANT Name?

MARK Karl Marx.

SERGEANT Wie schreibt man das?

MARK M-A-R-X.

Auf der Schreibmaschine tippt der Sergeant: Carl Marx.

9. Waffengeschäft I. Außen. Nachmittag.

Zwei Motorräder der Polizei stehen vor einem Waffengeschäft. Marks Kleinlastwagen taucht auf und hält da-

*vor. Mark und ein Freund steigen aus und gehen hinein,
während die Polizisten herauskommen.*
POLIZIST Tag.

10. Waffengeschäft I. Innen. Nachmittag.

HÄNDLER 1 *(off)* Auf Wiedersehen.
*Das Geschäft ist voll von Waffen: alle möglichen Sorten,
an die Wand gehängt, in Regalen, Stellagen, Vitrinen.
Mark und der Freund bleiben am Ladentisch stehen. Der
Besitzer kommt auf sie zu.*
HÄNDLER 1 Na, was wollt ihr?
BILL Wir bräuchten Waffen. Zur Notwehr.
HÄNDLER 1 Also, das Gesetz ist so: Ihr kauft die Waffen
   jetzt, und ich ermittle eure Strafregisterauszüge in Sa-
   cramento. In vier bis fünf Tagen könnt ihr sie abholen.
BILL Das Gesetz ist für Friedenszeiten bestimmt. Das
   hier ist ein Notfall.
MARK Wir leben in einem Viertel in der Nähe von... Sie
   verstehen mich schon; wir müssen unsere Frauen verteidigen.
HÄNDLER 1 Ihr habt recht, Herrgott, ihr habt recht. Ich
   werde euch nicht mit leeren Händen von hier weggehen lassen.
*Er beugt sich über eine Vitrine und holt eine Pistole her-
aus, die er auf den Ladentisch legt.*
HÄNDLER 1 Meiner Meinung nach, Leute, braucht ihr
   mindestens ein 38er Kaliber.

11. Waffengeschäft II. Innen. Nachmittag.

Ein anderes Geschäft, mit großen Vitrinen voll von Waffen. Mark und der Freund haben schon erworben, was sie wollten, und wollen gerade weggehen. Der Besitzer ruft sie wieder zurück.

HÄNDLER II He, Leute, hört mal. Das Gesetz gibt euch das Recht, eure Häuser zu verteidigen. Wenn ihr im Hof auf sie schießt, schleppt sie hinterher ins Haus.

BILL Ist gut. Danke.

Mark und der Freund gehen raus, mit den Waffenpaketen unter dem Arm.

Draußen steht der Kleinlastwagen. Die zwei jungen Männer werfen die Pakete auf den Sitz, steigen ein.

12. Sunnydunes-Büros. Innen. Vormittag.

Zwei Frauen, sonnengebräunt, jung und schön, am Rand eines in der Wüste gelegenen Schwimmbeckens inmitten roter Gebirgsketten. Eine andere Frau läßt einen großen Gummiball zu einer vierten im Wasser gleiten. Eine fünfte spricht mit einem jungen Mann und hält eine riesige Eistüte in der Hand. Alle sind Schaufensterpuppen, das Schwimmbecken ist vorgetäuscht, das Wasser ist vorgetäuscht. Nur die Wüste ist echt. Und der Himmel, von einem kräftigen Blau.

Ein Videofernseher strahlt die Szene für eine Gruppe von Geschäftsleuten aus. Wir sind in einem Büro. Es ist durch enorme Glasfenster erhellt, die von der Höhe eines Wolkenkratzers auf die Stadt schauen.

Über den Bildschirm laufen weitere Bilder: ein Mann

und eine Frau, die Tennis spielen. Ein Jäger: Er visiert mit seinem Gewehr einen Vogel auf einer Bergspitze an. Neben ihm holt der fünf- bis sechsjährige Sohn — als Cowboy gekleidet — zwei mit Flitter bedeckte Colts hervor. Eine andere lächelnde männliche Schaufensterpuppe gießt eine Pflanze im Gärtchen vor dem Haus. Drinnen bereitet die Gattin lächelnd das Frühstück zu: Speck mit Spiegeleiern. Das Kleinkind schreit und streckt die Ärmchen nach einer Torte aus. Ein herrlich grüner Golfplatz, in einer von schroffen und roten Felsen umschlossenen Ebene. Ein Paar spielt gerade. Ein Bub — mit einem Lächeln auf den Lippen — steht schon bereit, um die Fähnchen wieder in das Loch zu stecken.

Die Geschäftsleute, unter denen sich auch eine Frau befindet, verfolgen aufmerksam die Sendung. Neben dem Fernsehapparat sitzt der Autor dieses Werbespots: Er bedient das Gerät. Die Sendung wird von den Stimmen zweier Sprecher kommentiert: einem Mann und einer Frau.

SPRECHER Die Freude an einem schönen Urlaub im Freien. Die Sonne der Wüste, die auf Ihr Schwimmbecken scheint. Warum die verseuchte Stadtluft einatmen, wenn Sie das Leben, wie es Ihnen Sunnydunes anbietet, genießen können?

Tennis spielen auf dem smaragdgrünen Gras; in sauberer Luft inmitten der Wüste wandern; das Kind auf die Jagd und wilde Spaziergänge mitnehmen. Wer weiß... Sie können vielleicht sogar dem Berglöwen begegnen. Sonne, frische Luft, Quellwasser in Ihrem Garten. Werden Sie ein unabhängiger Mensch! Ein Pionierleben im grenzenlosen Horizont des Westens.

SPRECHERIN Und für Sie, meine Damen, die komplett

eingerichtete und geräumige Küche für das Glück Ihres Kindes und Ihres Mannes.

SPRECHER Und verzichten Sie nicht auf das Vergnügen einer Golfpartie auf dem Platz, den Sunnydunes für Sie ausgestattet hat.

SPRECHER Neun vorschriftsmäßige Löcher in einer Märchenszenerie. Worauf warten Sie noch, um dieses überfüllte Irrenhaus der Stadt zu verlassen? Übersiedeln Sie noch heute, fangen Sie ein neues Leben im gesunden Klima der Wüste an.

Der Werbespot endet mit zwei Männern an Bord eines Hubschraubers. Der Mann neben dem Piloten betrachtet das darunterliegende Land mit einem großen Feldstecher. Die roten Berge dieses Teiles der Wüste spiegeln sich darin.

SPRECHERIN Willst du jetzt Kunstflieger werden, Bob?

SPRECHER Nein, Jane, ich überfliege nur die Wüste auf der Suche nach meinem Haus für die Ferien. Es ist leicht zu finden: Rufen Sie 8 48 68 an.

SPRECHERIN Kannst du die Nummer wiederholen, Bob?

SPRECHER Aber gewiß. Sunnydunes Land Development Company. Box 82, Los Angeles, California.

13. Straße von Los Angeles. Außen. Vormittag.

Eine Reihe von unklaren und verschieden gefärbten Bildern auf dem Rückspiegel eines Autos. Dichter Verkehr. Das Radio ist eingeschaltet: Man hört die Nachrichten. Der Sprecher liest sie ohne Unterbrechung, alle mit der gleichen Stimme. Der Spiegel fokussiert den Blick des Lenkers. Es ist Allen. Neben ihm sitzt einer seiner

Freunde und Kompagnons. Er liest eine Zeitschrift.

RADIOSPRECHER Nachrichten aus dem Inneren. Heute wurden die Arbeiten an der neuen Autobahn beendet, die die Hügelzone mit der Stadt Los Angeles verbindet. Fünfzigtausend Stadtbewohner mußten umgesiedelt werden. Die Wohnungen, die sich entlang der Straßentrasse befunden haben, wurden niedergerissen. Soweit die vom Bauministerium erteilten Angaben. Vietnam. Fast fünfzigtausend amerikanische Soldaten sind, nach den letzten im Pentagon eingegangenen Daten, an der Vietnamfront gefallen. Die Zahl der in Militärspitälern stationär behandelten Soldaten ist nicht bekanntgegeben worden. Es wird gemeldet, daß der Gefreite Terry Marshall, aus unserer Stadt, in der vergangenen Woche im Kampf gefallen ist. Marshall war Meister unserer Fußballmannschaft und ist im August dieses Jahres mit der Silbermedaille ausgezeichnet worden.

KOMPAGNON Da, hast du gesehen?

ALLEN Was?

KOMPAGNON Wir haben jetzt sieben Multimilliardäre.

ALLEN Wer wir?

KOMPAGNON Kalifornien. Texas vier. Aber New York schlägt uns.

ALLEN Vorläufig noch...

KOMPAGNON Genau!

RADIOSPRECHER Universität. Neue Unruhen sind heute am... (Der Name des Colleges ist vom Verkehrslärm überdeckt) State College ausgebrochen. Die Polizei ist eben dabei, die Schule zu umstellen, um den heute morgen begonnenen Demonstrationen ein Ende zu setzen. Ungefähr zweihundertfünfzig Mann wurden mobil gemacht und sind bereits an Ort und Stelle, obwohl sich noch keine ernsten Zwischenfälle ereignet haben. Fünfundzwanzig Studenten und drei Professoren, von denen man annimmt, daß sie einer extremistischen Bewegung angehören, sind verhaftet worden. Während einer Rede bei einem Mittagessen der Unternehmervereinigung sagte der Gouverneur von Kalifornien gestern...

14. Marks Wohnung. Innen. Vormittag.

Mark ist gemeinsam mit dem Freund, mit dem er die Waffen gekauft hat, und mit Morty in seinem Zimmer. Sie hören den gleichen Sender wie Allen im Auto.

RADIOSPRECHER ...daß nunmehr die Zeit gekommen sei, den Studentenunruhen ein Ende zu setzen. Keinox gibt Ihnen jetzt die Wetterinformationen direkt von der Zentrale für Meteorologie von Keinox.

Einer der Jugendlichen dreht das Radio ab.

MARK Ich fahr' mal hin und schau nach, was da schon wieder los ist.

Er macht sich auf den Weg. In der Tür bleibt er stehen und fügt hinzu:

MARK Wenn du fertig bist, gib die Leitung frei. Kann sein, daß ich dich anrufe.

Mark öffnet den Schrank im Vorraum und zieht eine Pistole heraus. Er steckt sie in eine seiner Stiefeletten, zieht die Hose drüber. Er läuft hinaus.

15. Marks Wohnung. Außen. Vormittag.

Mark steigt ins Auto und entfernt sich.

16. Sunnydunes-Büros. Außen. Vormittag.

Ein Auto hält vor dem Eingang des Sunnydunes-Sitzes, einem grauen, ziemlich imposanten Wolkenkratzer. Allen steigt aus dem Auto und geht in Richtung Tür.

17. Sunnydunes-Büros. Innen. Vormittag.

Allen geht die Vorhalle entlang. Der Portier kommt ihm entgegen.

PORTIER Herr Allen...

ALLEN Guten Tag Tom, wie geht's?

Allen steuert schnellen Schrittes auf die Bank zu, die ihre Büros im Erdgeschoß des Gebäudes hat. Offensichtlich will er, wie jeden Vormittag, die Börsenkurse kontrollieren. Eine große elektronische Tafel liefert deren andauernde Schwankungen. Man hört die Stimme eines Angestellten am Telefon.

STIMME ANGESTELLTER *(off)* Herr Johnson, ich rufe Sie an, um Ihnen folgendes zu sagen: Ich glaube, vor zwei Tagen... haben Sie mich um Auskünfte über den Industrie- und Textilsektor auf der New Yorker Börse gebeten... da sich der Markt verändert, würde ich sagen, daß der Moment zum Eingreifen gekommen ist.

18. Sunnydunes-Büros. Innen. Vormittag.

In dem bereits bekannten Sitzungssaal schaltet der Techniker den Videorecorder ab.

TECHNIKER Wollen Sie sie noch einmal sehen?

LEITENDER ANGESTELLTER I Nein, danke Tim. Wir werden deinen Chef anrufen, falls wir irgendeine Abänderung brauchen.

Allen kommt herein.

ALLEN Hallo, Kumpels...

ALLE Tag. Servus. Usw.

LEITENDER ANGESTELLTER II Willst du einen Blick auf die Werbung werfen?

ALLEN Nein. Ich hab' da diese Sitzung in Phoenix.

LEITENDER ANGESTELLER III Wann fährst du?

ALLEN In ein paar Stunden.

19. Wüste. Außen. Vormittag.

Ein Autobahnknoten in der Wüste, von oben gesehen. Ein Auto fährt auf einer der Straßen dahin. Ein riesiges Werbeplakat mit einer Salatschüssel voll von Dollars, Zwiebeln usw. Man liest darauf: DESERT SPRINGS. Im Wageninneren studiert Daria eine Landkarte, unschlüssig, welche Richtung sie einschlagen soll.

20. Sunnydunes-Büros. Innen. Tag.

Das Büro von Allen ist geräumig und wird von einem Fenster, fast so groß wie die Wand, erhellt. Draußen hebt sich ein schwarzer, wuchtiger Wolkenkratzer mit goldenen, barockartigen Ornamenten ab. Auf der rechten Seite des Fenstervierecks flattert eine amerikanische Fahne.

Allen nähert sich dem Tisch, bleibt einige Augenblicke lang nachdenklich stehen, wirft einen zerstreuten Blick auf die Korrespondenz, wählt eine Telefonnummer. Da er keine Antwort erhält, legt er den Hörer auf und drückt einen Knopf der Sprechanlage.

NATALIE *(Stimme aus der Sprechanlage)* Ja bitte, Herr Allen.

ALLEN Natalie, wo ist Daria?

NATALIE Ich weiß es nicht. Ich hab' sie nicht gesehen.

ALLEN Versuchen Sie es zu Hause.

NATALIE Ja, sofort.

In ihrem Büro wählt Natalie die Nummer, aber es hebt niemand ab.

NATALIE Ich hab' bei Daria zu Hause angerufen, aber sie meldet sich nicht.

Wiederum Allen in seinem Büro, seine Hände neben der Sprechanlage.

NATALIE *(Stimme aus der Sprechanlage)* Vielleicht ist sie krank…

STIMME ALLEN *(off)* Macht nichts, Natalie.

Er trommelt nervös mit den Fingern auf dem Tisch, dann wählt er noch eine Nummer.

STIMME MANN *(am Telefon)* Auf Wiedersehen.

ALLEN Was? …Hallo? Hier ist die Sunnydunes am Apparat. Hören Sie, Sie wissen nicht zufällig, wo ich Daria finden kann?

STIMME MANN Nein. Ich wohne hier nur vorübergehend. Sie ist heute morgen verreist.

ALLEN Verreist? Welchen Flug hat sie genommen?

STIMME MANN Keinen Flug. Sie hat meinen Wagen genommen.

ALLEN Macht es Ihnen etwas aus, mir zu sagen, mit wem ich spreche?

STIMME MANN *(am Telefon)* Ja, es macht mir etwas aus. Wie geht's?

Man hört, daß aufgelegt wird. Allen ist irritiert. Es ist klar, daß diese Männerstimme bei Daria zu Hause ihm etwas unangenehm war. Nach einem Moment rafft er sich wieder auf und schaltet ein unter seinem Tisch verstecktes Radio ein. Die Stimmen der anderen leitenden Angestellten, die im Sitzungssaal weiterdiskutieren, sind zu hören.

— Es wird in den nächsten zehn Jahren drei Millionen Menschen mehr geben.

— Die Statistiken sagen noch mehr voraus.

— Aber!

— Ja. Ich hab's gelesen.

— Diese Zahlen gelten für den ganzen Staat?

— Nein, nur für Südkalifornien.

— Es ist dir doch klar, was das bedeutet?

— Was denn?

— Das bedeutet einen Ausbau von mindestens... na ja, mindestens zweihunderttausend Hektar.

— Deshalb verlangt unsere Position am Markt einen Gesamtaufwand von... fünf Milliarden, in einem Zeitraum von zehn Jahren.

— Donnerwetter!

— Nun, ich glaube, daß wir es uns erlauben können. Noch nicht einmal inbegriffen sind die Landes- und Staatssteuern, die Lebenshaltungskosten und die Inflation...

21. **Campus der Universität, ein weitläufiger, vierecki-
ger Platz vor der Verwaltung der Universität:
Bäume, Rasen, Beete. Hier finden für gewöhnlich
die Demonstrationen statt. Außen. Vormittag.**

*Das Gesicht eines Polizisten, eingeschlossen in einer
Gasmaske.*
*Eine lange Reihe von Polizisten: Nur deren Hosen sind
zu sehen.*
*Noch mehr Fronten, Hunderte von Polizisten, die offen-
bar der Masse der Studenten Widerstand leisten. Die
Stimme eines Offiziers, langsam und deutlich artikuliert,
ertönt aus einem Lautsprecher.*
*Die Studenten sind alle vor den Polizisten versammelt.
Ausrufe, Pfiffe, Stimmen: das Geschrei einer Menge, die
protestiert.*
*Ein Polizeitrupp drängt Studenten zurück. Es entsteht
eine Art Handgemenge, in dem Befehle zu hören sind,
wie:*
POLIZIST Zurück!... Zurück!
*Eine andere Stelle des Campus: Weitere Polizisten rük-
ken vor. Man sieht Gegenstände fliegen und auf dem Boden zerschellen. Wiederum Schreie.*
*Ein Polizist, am Eingang eines Gebäudes, sagt Befehle
über Funk durch. Woanders schlägt ein Polizist heftig
mit dem Stock auf einen Studenten ein.*
*Die Glastür eines der Gebäude, das von der Polizei be-
setzt ist. Eine der Scheiben ist zerbrochen. Innen, mit
dem Rücken zu uns, Polizisten. Einer macht Fotos von
den vor dem Gebäude versammelten Studenten, die, mit
erhobenem Arm, die Hand zur Faust geballt, taktmäßig
ausrufen:*

STIMMEN IM CHOR Die Macht dem Volk!... Die Macht
dem Volk!... Die Macht dem Volk!...

Ein junger Mann mit blutüberströmtem Gesicht, ge-
stützt von einigen Freunden. Ein anderer, buchstäblich
mit Blut bedeckt, wird auf eine Tragbahre gelegt. Blutige
Taschentücher am Boden, Blutflecken. Eines dieser Ta-
schentücher wird wie eine Fahne auf der Spitze eines
Stockes gehißt.

22. Universitätsbibliothek. Außen. Vormittag.

Ein Polizeiwagen, begleitet vom durchdringenden Sire-
nengeheul, kommt vor der Bibliothek an, fährt vor und
zurück und bleibt stehen. Einige Polizisten steigen aus,
während die wenigen anwesenden Studenten sich zer-
streuen.

STIMME POLIZIST *(off)* Zurück... Zurück... Geht zurück!

ANDERER POLIZIST Weg da.

Man hört weitere Befehle, in verschiedener Entfernung.

OBERLEUTNANT BELL Räumt die Zone rundherum!...
Versperrt alle Eingänge!

POLIZIST I Alle zurück jetzt. Verschwindet.

POLIZIST II Ihr, ihr kommt mit mir.

Ein weißer und vier schwarze Studenten flüchten hinter
einen Bretterzaun, der den Säulengang des Gebäudes ab-
schließt. Von hier aus hat man eine gute Sicht auf die Bi-
bliothek.

Auch Mark taucht auf, im Laufschritt; er läuft über eine
Freitreppe herunter. Er bleibt dort stehen, versteckt sich,
um zu verfolgen, was passiert.

Die Polizisten unter Oberleutnant Bells Befehl haben sich rund um den Polizeiwagen, vor der Bibliothek, aufgestellt. Die mit den Masken weiter vorn, die anderen hinten. Der Oberleutnant mit der üblichen, akzentuierten Stimme:

OBERLEUTNANT BELL Hier ist Oberleutnant Bell von der Metropolitan Police. Ihr habt den Artikel 415 des Strafgesetzbuches übertreten. Wir wissen, daß ihr bewaffnet seid. Wenn ihr nicht die Waffen wegwerft und unverzüglich mit erhobenen Händen herauskommt, sind wir gezwungen, euch mit anderen Mitteln zum Herauskommen zu bewegen.

23. Universitätsbibliothek. Innen. Vormittag.

Die letzten Worte des Oberleutnants Bell klingen, im Inneren der Bibliothek, auf den horchenden Gesichtern von weiteren schwarzen Studenten aus. Es sind fünf, unter ihnen ein sehr junger, mit einem weißen Hemd. Draußen herrscht große Stille. Schwach hört man die Schreie der Demonstranten sich entfernen, näher kommen. Währenddessen sehen wir einen Polizisten – Gasmaske über dem Gesicht, Pistole in der Hand – an ein Fenster herantreten, um hineinzusehen. Weitere zwei sind als Wache im Hintergrund.

24. Universitätsbibliothek. Außen. Vormittag.

Das Gebäude ist umstellt. Noch einige Momente des Wartens. Oberleutnant Bell, mit dem Rücken zu uns, das gutmütige Gesicht im Plastikvisier gespiegelt. Ein

Polizist mit angelegtem Gewehr. Weitere zwei, mit der Gasmaske, links und rechts vom Eingang, halbverdeckt durch Rosenbüsche.

Einer der zwei letztgenannten dreht sich zu seinem Vorgesetzten hin, der ihm offensichtlich einen Befehl erteilt. Der Polizist tritt an die Eingangsglastür heran, entschärft die Tränengasbombe, die er in der Hand hält, und wirft sie durch das schon zerbrochene Glas der Tür. Weitere Augenblicke des Wartens. Man hört das leise Geknister der brennenden Bombe. Sobald der Rauch durch das Loch im Glas auszuströmen beginnt, weichen die zwei Polizisten neben der Tür zurück.

Und dann das Geräusch von Schritten. Hustenanfälle. Die Tür geht auf, und taumelnd kommen vier der jungen Männer, die drinnen gewesen waren, heraus.

POLIZIST I Alle hinlegen. Auf den Gehsteig.

POLIZIST II Hinlegen, hab ich gesagt!

Die vier Studenten werfen sich bäuchlings auf die Erde, auf den Gehsteig.

Die Tür öffnet sich von neuem, und heraus kommt der jüngste. Er hat die Hände am Gürtel, als ob er versuchen würde, das Hemd in die Hose zu stecken. Einer der Polizisten, der dieses Herumhantieren beobachtet, schreit:

POLIZIST Er ist bewaffnet!

Der Polizist neben ihm drückt sofort auf den Abzug seines kurzen Gewehres. Der schwarze Bursche fällt nach hinten auf den Rücken. Es sind zwölf kleine Einschüsse auf seinem weißen Hemd, aus denen langsam das Blut herauszufließen beginnt.

Der Polizist, der geschossen hat, lädt das Gewehr wieder. Gleichzeitig befiehlt eine Stimme, offensichtlich den Studenten am Boden:

POLIZIST Ruhig dort drüben! Keine Bewegung!

Mark hat alles gesehen und, instinktiv, reagiert er sofort darauf. Er führt die Hand zum Stiefel, zieht die Pistole heraus.

Ein Schuß. Der Polizist, der geschossen hatte, fällt seinerseits getroffen um.

Mark hebt seine Hand zum Gesicht. Dann fährt er plötzlich hoch und beginnt, über die Freitreppe hinaufzulaufen. Er hebt die Jacke auf, die ihm beim Herkommen heruntergefallen war, und flieht, verschwindet zwischen den Bäumen. Man hört eine Stimme sagen:

POLIZIST Über die Treppe, lauf!

OBERLEUTNANT BELL Fordere Verstärkung über Funk an. Los.

POLIZIST *(off)* Es gibt einen infolge einer Schießerei verletzten Polizisten. Schickt Verstärkung. Code 3.

ANTWORT *(über Funk)* 1051 erhalten. Vorschrift für Verstärkung an alle Einheiten in der Nähe von 2854. Code 3.

25. Autobus. Innen. Außen. Vormittag.

Mark sitzt im Autobus. Er setzt die schwarze Sonnenbrille auf. Weitere Passagiere. Das Licht im Inneren ist grün, wegen der getönten Autobusscheiben.

CHAUFFEUR Broadway und Preairie. Endstation.

Mark steigt aus und macht sich, nachdenklich, langsam auf den Weg.

Es ist ein Stadtrandgebiet. Dichter Verkehr, Fähnchen, Werbeplakate: BANK OF AMERICA, SEVEN UP usw. Mark sieht ein Kolonialwarengeschäft und geht hinein.

26. Kolonialwarengeschäft. Innen. Vormittag.

Typischer Drugstore. Der Inhaber richtet gerade zwei Brötchen für zwei Arbeiter her.

INHABER Was für ein Brot möchtest du?

ARBEITER I Ist mir egal.

ARBEITER II Für mich ein Roggenbrot. Mit Mayonnaise.

Mark geht zum Telefon und wählt eine Nummer.

ARBEITER I Mir kommt vor, du bist mit der Wurst etwas geizig, Bob. Ich mach' doch keine Diät.

INHABER Wenn du mehr Wurst willst, zahlst du auch mehr.

ARBEITER I Ich zahl', ich zahl' schon, keine Sorge.

27. Marks Wohnung. Innen. Vormittag.

Das Telefon läutet. Morty kommt gelaufen und nimmt den Hörer ab.

MORTY Hallo?

MARK *(am Telefon)* Ich bin's.

MORTY Wo bist du?

MARK In einem Geschäft.

MORTY Es ist besser, wenn du verschwindest... Jemand hat angerufen und gesagt, daß du im Fernsehen warst. Warst du's?

Mark – im Geschäft – verdüstert sich.

MARK Was?

MORTY *(am Telefon)* In der Tagesschau.

MARK Bist du sicher?

MORTY Der sagt, daß es ihm vorkam, als wärst du's.

MARK Morty!

*Er dreht sich um, damit er den Inhaber und die Arbeiter
sehen kann. Er hat Angst, daß sie mithören, was er sagen
will.*

28. Marks Wohnung. Innen. Vormittag.

Morty hört Marks Stimme nicht mehr.
MORTY Hallo, Mark, halloo...
Am anderen Ende der Leitung legt Mark auf.

29. Kolonialwarengeschäft. Innen. Vormittag.

*Der Inhaber und die Arbeiter lächeln. Mark ist wenige
Schritte vor dem Tresen stehengeblieben. Mit einer ge-
wissen Schüchternheit wendet er sich an den Inhaber.*
MARK Hören Sie, darf ich Sie um einen Gefallen bitten?
INHABER Ja sicher.
MARK Ich wollte Sie fragen, ob... Sie sich trauen, mir ein
   Brötchen auf Kredit zu geben.
INHABER Nicht, daß ich Ihnen nicht vertraue, aber wenn
   ich Ihnen vertraue, dann muß ich allen vertrauen.
MARK Allerdings.

30. Straße des Drugstores und Umgebung. Außen. Vor-
   mittag.

*Andere Reklamebilder fliegen an den Augen von Mark
vorüber, der auf dem Sockel einer riesigen Puppe vor einer Tankstelle sitzt. Mark steht auf und beginnt, angezo-*

gen von Flugzeuglärm, wie automatisch zu gehen. Er hält an, um einem kleinen Touristenflugzeug nachzuschauen, das in dem Moment vorbeifliegt. An die Stelle dieses Geräusches tritt das einer Polizeisirene. Mark macht sich neuerlich auf den Weg. Ein anderes Flugzeug fliegt über seinen Kopf. Mark bemerkt, daß es hier in der Nähe einen Flugplatz gibt; und darauf steuert er zu.

31. Flughafen. Außen. Vormittag.

Das ohrenbetäubende Sausen eines Düsenflugzeugs empfängt Mark. Es ist ein Privatjet für Manager, aus dem einige Geschäftsleute aussteigen. Mark betrachtet sie, dann nähert er sich einem kleinen, rosa angestrichenen Touristenflugzeug, auf dem LILLY 7 geschrieben steht.
Die Tür des kleinen Flugzeugs ist offen. Mark schaut hinein, schaut sich um, dann steigt er ein.
Er schnallt sich an, probiert den Steuerknüppel aus und setzt den Motor in Gang.
Ein Mechaniker, der gerade an einer anderen Maschine arbeitet, merkt dieses Durcheinander und läuft Mark entgegen.
MECHANIKER Wo hast du denn vor, hinzufliegen?
MARK Ich mach' einen Rundflug und komm dann zurück. Fliegst du mit?
MECHANIKER Nein, danke.
MARK Wie du willst.
Mark schließt das Fenster. Er rollt auf die Piste. Er beschleunigt, um schneller mit heiler Haut davonzukommen; er bemerkt aber nicht einmal, daß er in der falschen

Richtung abfliegt.
Die Lilly 7 wird unverzüglich vom Kontrollturm gesichtet.
ANGESTELLTER DES KONTROLLTURMS Lilly 7... Lilly 7... Lilly 7. Hier Turm N. Stoppt den Start. Sie sind auf der falschen Piste. Landungsverkehr aus der entgegengesetzten Richtung. Wendet so bald wie möglich. Lilly 7... Lilly 7... Hier Turm N.
Mark antwortet nicht, und das Flugzeug startet. Es ist über der Stadt. Immens lange Autobahnadern. Los Angeles in seinem unendlichen Raum, in seinem Dunst. Als Mark auf das Ballungszentrum unten schaut, das sich entfernt und ihn allein läßt, lächelt er vergnügt: Er genießt seine plötzliche, unbegrenzte Freiheit.

32. Wüste. Außen. Vormittag.

Ein alter Ford fährt zwischen den Dünen. Am Steuer sitzt Daria. Das Mädchen lenkt, hat einen Kaugummi im Mund und betrachtet ab und zu die Landschaft rundherum, während das Radio einen Popsong sendet.

33. Sunnydunes-Büros. Innen. Vormittag.

Eine Versammlung ist im Gange. In dem Saal, den wir schon kennen, telefoniert einer der leitenden Angestellten.
LEITENDER ANGESTELLTER I *(off)* Ich weiß es nicht. Sind wir uns einig über den Kostenvoranschlag für die erste Phase?
LEITENDER ANGESTELLTER II *(am Telefon)* Ja, Ja.

LEITENDER ANGESTELLTER III Steve, warum antwortest nicht du?

LEITENDER ANGESTELLTER II Ja, wir haben zweihundert Millionen Dollar plus vierzig Millionen für unvorhergesehene Umstände angelegt.

Der leitende Angestellte II macht ein Zeichen zu jemandem außerhalb der Bildfläche hin, um ihm zu bedeuten, daß das Gespräch für ihn ist. Dieser Jemand ist Allen. Er steht auf und geht zum Telefon.

ALLEN Nein, nein, einen Moment. Wozu denn vierzig Millionen für unvorhergesehene Umstände anlegen. Welche unvorhergesehenen Umstände? Wir haben gewisse Gebiete mit ziemlich erheblichen Wasserniveaudifferenzen gefunden, eben darum...

ALLEN *(am Telefon)* Hallo?

LEITENDER ANGESTELLTER III Die Bodenproben haben Werte an den Tag gebracht...

ALLEN Servus.

LEITENDER ANGESTELLTER III ...bezüglich der Dichte... Faktoren, die die Kosten steigern können.

ALLEN Warte einen Moment. *(Zum leitenden Angestellten II):* Ich nehm's in mein Büro.

Er entfernt sich; verläßt das Zimmer.

LEITENDER ANGESTELLTER I Und dann die rutschenden Felsmassen. Wie willst du dafür die Kosten kalkulieren?

LEITENDER ANGESTELLTER V Und wann werden wir es wissen?

LEITENDER ANGESTELLTER VI Nancy, Kostenvoranschläge dafür sind schwer zu erstellen, zumindest, solange wir nicht diese Anfangsphase überwunden haben.

34. Bar in der Wüste. Innen. Vormittag.

Daria telefoniert in einer kleinen Bar in der Wüste. Neben ihr, auf der Theke, steht das Erinnerungsphoto eines offenbar in Vietnam gefallenen Soldaten, gibt es sonstige Erinnerungsgegenstände. Daria wartet darauf, daß Allen ans Telefon kommt.

35. Sunnydunes-Büros. Innen. Vormittag.

In seinem Büro nimmt Allen den Hörer ab.
ALLEN Was gibt's Daria? Wo bist du?
DARIA *(am Telefon, off)* Ich bin in einem Ort in der Wüste. Ich hab' angerufen, um zu sagen, daß ich mit Verspätung in Phoenix ankommen werde.
ALLEN Und warum?

36. Bar in der Wüste. Innen. Vormittag.

Ein großer Raum mit grün gestrichenen Wänden. An der Theke sitzt ein Alter in typischer Westernkleidung, fast wie ein Cowboy. Er raucht und trinkt Bier, still, friedlich in seiner Einsamkeit.
Das Telefon steht am Ende der Theke, neben einer Tür, die in ein anderes Zimmer führt. Daria spricht am Telefon.
DARIA Ich suche einen Ort, der Glenville oder Balliville oder so ähnlich heißt. Irgend etwas mit einem »ville« am Schluß. Sie kennen die Wüste. Sagt es Ihnen nichts?

37. Sunnydunes-Büros. Innen. Vormittag.

ALLEN Mit »ville«... »ville«... bleib dran, warte...
Er drückt eine Taste, um das Gespräch auf die Sprechanlage durchzuschalten. Dann geht er an einen Tisch, nimmt einen Atlas uœøŒ·œØœøŒŒØ×
ALLEN Mit »ville«... was meinst du damit? Wie Danville?
DARIA *(aus der Sprechanlage, off)* Einen Ort in der Wüste. Danville ist in Connecticut. Vielleicht aber endete er auf »hill«, ein Wort mit »hill«.
ALLEN »Hill«... »Hill«...
Allen geht zum Tisch zurück.
ALLEN ...Warum willst du in eine Stadt fahren, von der du nicht einmal weißt, wie sie heißt? Eine Verabredung?
DARIA *(off)* Ein Freund hat mir gesagt, daß es ein hervorragender Platz zum Meditieren ist.
ALLEN Und was machst du, wenn du meditierst?

38. Bar in der Wüste. Innen. Vormittag.

DARIA Ich denke über Gedanken nach.

39. Sunnydunes-Büros. Innen. Vormittag.

ALLEN Worüber denkst du nach? Daria... hör zu, gib mir deine Nummer, ich versuche, den Namen des Ortes zu finden, und ruf dich zurück. Einverstanden?

40. Bar in der Wüste. Innen. Vormittag.

DARIA Nein, nein. Dann lassen Sie mich womöglich mit
einem Hubschrauber abholen.

ALLEN *(off, am Telefon)* Daria!

*Daria dreht ein Schild um, das an der Wand in der Nähe
des Telefons hängt. Man liest: »Im Falle eines Feuers dieses Täfelchen hochklappen.« Daria klappt es hoch. Dar-
unter steht: »Nicht jetzt, Dummkopf. Im Falle eines Feuers.« Daria lacht, während sich die Stimme einer Fern-
sprechvermittlerin in die Verbindung einschaltet.*

TELEFONISTIN Dreißig Cent, bitte, für die nächsten drei
Minuten.

41. Sunnydunes-Büros. Innen. Vormittag.

ALLEN *(zur Telefonistin)* Einen Augenblick, Fräulein...
(zur Sprechanlage, das heißt an Daria gewandt): Hör
zu, gib mir deine Nummer und leg auf. Ich ruf dich in
fünf Minuten zurück. So bezahle ich das Telefonat.

DARIA Sehen wir uns in Phoenix?

*Man hört, wie der Telefonhörer eingehängt wird. Allen
kann eine gewisse Irritation nicht verbergen. Er dreht
sich um und schaut hinaus: unten der riesige Parkplatz,
die amerikanische Flagge, diesmal erschlafft. Er raucht
nervös.*

42. Bar in der Wüste. Innen. Vormittag.

Daria stellt sich an die Theke neben den Cowboy. Der Besitzer stellt ihr ein Glas Bier hin. Daria, die ein Brötchen in der Hand hält, legt einen Dollar auf die Theke und wendet sich dann an den Alten.

DARIA Hören Sie, kennen Sie hier in der Gegend einen Ort, der Glenville oder Balliville oder so ähnlich heißt?

Der Alte schüttelt verneinend den Kopf und lächelt Daria freundlich an. Der Besitzer, der hinausgegangen war, dreht sich um und kommt zurück.

BESITZER Ballister?

DARIA Ja, genau das.

BESITZER Und ob ich das kenne: Sie sind schon da!

DARIA Ach nein!

Der Mann sieht sie an und sagt:

BESITZER Sie sind doch nicht zufällig gekommen, um einen gewissen James Patterson zu besuchen?

DARIA Woher wissen Sie das?

BESITZER *(off)* Ihr habt die gleiche Ausstrahlung.

Nach einer Pause nimmt er das Gespräch wieder auf. In seiner Stimme ist ein ehrlicher, aufrichtiger, gemäßigter Lokalpatriotismus spürbar.

BESITZER Richten Sie ihm aus, daß er der Tod dieses Ortes sein wird. Daß er zum Schluß noch ein Stück der amerikanischen Geschichte vernichten wird.

DARIA Jimmy?

Der Besitzer verschwindet im Vorraum des Zimmers. Daria steht auf, um ihm dorthin nachzugehen, wird aber von einem Alten mit verwüstetem Gesicht, dem Typ nach ein seit Jahrzehnten »ausgeknockter« Boxer, auf-

gehalten. Er hält sie an einem Arm zurück und sagt, die Worte nuschelnd:

JOHNNY Erinnerst du dich an Johnny Wilson?

DARIA Johnny Wilson? Nein.

JOHNNY Das bin ich. Ich war 1920 Weltmeister im Mittelgewicht.

DARIA Weltmeister im Mittelgewicht?

JOHNNY Genau.

DARIA Bravo!

JOHNNY Danke.

Der Besitzer kommt aus dem Hinterzimmer mit einer Tasse Kaffee in der Hand heraus, die er auf der Theke vor einem Kunden abstellt. Währenddessen wendet er sich wieder Daria zu.

BESITZER Er will den Wohltäter spielen. Er hat eine Horde von Kindern aus Los Angeles hergebracht. Er sagt, daß sie krank sind. Traumatisiert: Wissen Sie, was das bedeutet?

Daria nickt bejahend.

BESITZER Aber wenn Los Angeles sie nicht will, warum sollen wir sie wollen?

Der heftige Aufprall eines gegen das Türglas geschleuderten Steines bewirkt, daß sich alle umdrehen. Die Scherben fliegen bis zu Daria, die zurückweicht.

BESITZER Verdammte Scheiße!

Er ergreift eine Coca-Cola-Flasche und stürzt nach draußen. Daria legt das Brötchen auf die Theke und folgt ihm nach.

43. Bar in der Wüste. Außen. Vormittag.

Draußen ist wirklich die Wüste. Einige alte Campingwagen, total schiefe Telegraphenmasten, ein verrostetes Gleis, eine halb demolierte Plattform; Reste eines Lebens, das einst vielleicht blühend war. Und nicht eine einzige Menschenseele.
Der Barbesitzer ist zornig. Die Geschichte dürfte nicht zum ersten Mal passiert sein.
BESITZER Verfluchte Schurken! Untersteht euch nur, zurückzukommen...
Er wirft die Flasche weit weg, in Richtung der unsichtbaren Angreifer. Die Flasche fällt auf den Straßenasphalt und zerspringt. Der Besitzer, wiederum zu Daria:
BESITZER Also, jetzt haben Sie's mit eigenen Augen gesehen. Diese Scheibe kostet mich dreißig Dollar.
Schwerfälligen Schrittes geht er wieder in die Bar. Daria bleibt draußen. Neugierig geworden, schaut sie sich um. Versteckt hinter einer Art Kasten aus Holztischen und modrigem, ausgebleichtem Tuch beobachten die Kinder Daria. Und Daria beobachtet sie, beziehungsweise ihre Augen zwischen den Ritzen des Tuches. Als sie jedoch Anstalten macht, die Kinder hinter dem Vorhang aufzudecken, läßt eines von ihnen, ein Bub, einen Luftballon platzen und erzeugt damit einen Knall, über den Daria erschrickt. Die Kinder rennen davon, und umsonst läuft ihnen Daria nach.
DARIA He! Hört zu!
Aber die Kinder setzen ihren Lauf in Richtung Plattform fort. Daria geht weiter, angelockt von einem Ton, der von der anderen Straßenseite kommt. Darauf steuert sie zu. Dort liegt ein Autowrack und ein anderes undefinier-

bares Relikt, auf dem ein Kind herumhantiert und so den Ton hervorruft. Daria will eben die Straße überqueren; aber ein zweites Kind taucht hinter dem Wrack auf und schießt ein Stück Gummi auf sie. Daria weicht ihm gerade noch aus und geht weiter.

Sie bleibt in der Nähe des umgekippten Autos stehen. Eine der Türen öffnet sich, eine Hand schnellt heraus, die an Darias Tasche zieht, sie wegreißt. Daria dreht sich um und will die Tür aufmachen. Aber sie öffnet sich von allein, und aus dem Auto kommen sieben, acht Buben, die losrennen.

DARIA Heh! Kommt zurück!

BUB Nein!

Auch sie steuern auf die Plattform zu. Der Ton, der Daria zum Autowrack gelockt hat, kommt aus den Resten eines Klaviers, auf denen eines der Kinder mit Vergnügen klimpert. Das Kind ist ungefähr zehn, elf Jahre alt, hat ein etwas exotisches Gesicht, lange Haare, eine Halskette; es ist sehr schön und völlig in seine Tätigkeit versunken.

Daria bleibt zwei Schritte vor ihm stehen. Sie horcht einige Augenblicke dem eigenartigen und doch angenehmen Aufeinanderfolgen der Töne zu und fragt dann:

DARIA Hör mal, wo ist Jimmy?

Das Kind unterbricht das Spiel, aber nur so lange, um einen verärgerten Blick auf das Mädchen zu werfen. Und dann fängt es – ohne zu antworten – wieder zu spielen an. Daria entfernt sich zur Plattform hin.

Sie steigt hinauf. Einige der Buben, die unten gerade mit Alteisenstücken spielen, hören auf, als sie Daria erblicken, und klettern ihrerseits auf die Plattform. Auch die anderen kommen kurz darauf nach. Daria steht plötzlich eingekreist da.

DARIA Wo ist der, der euch hergebracht hat? Ist er nicht
  bei euch?

*Die Buben schauen Daria an. Sie haben etwas befremdli-
che, ironische, wache Gesichter. Die Frage des Mädchens übergehend, sagt einer von ihnen:*

BUB Zeigst du uns ein Stück von deinem Hintern?

DARIA Bist du sicher, daß du weißt, was du damit anfangen sollst?

BUB Ja.

*Die anderen Buben lachen. Sie schauen Daria weiterhin
neugierig an, als ob sie da ein sonderbares Lebewesen
vor sich hätten. Sie sind überhaupt nicht verängstigt, so
daß sich Daria nicht ganz wohl in ihrer Haut fühlt.*

DARIA Was macht ihr denn da?

*Einer der Buben streckt seine Hand aus und zwickt Da-
ria. Ein anderer macht es ihm nach. Daria weicht aus,
aber gerade diese Verteidigungsgeste von ihr bringt die
Kinder in Fahrt. Im Nu sind sie auf ihr drauf, betatschen
sie, heben ihr den Rock hoch... Daria schreit und versucht, sich loszumachen. Nach einem kurzen Handgemenge gelingt es ihr, sich zu befreien. Erschrocken läuft
sie weg. Die Buben setzen den Kampf untereinander
fort, mit heftigen Schubsern, mit Geschrei, Gelächter.
Daria erreicht das Auto, das sie vor der Bar gelassen
hatte. Sie läßt den Motor an und fährt weg. In der Bar
drinnen sitzt noch immer – schweigend und still – der
alte Cowboy: Er raucht und trinkt. Ein Zug an der Zigarette und ein Schluck Bier, während die Musikbox ein altes Lied spielt.*

44. Wüste. Außen. Tag.

Der Schatten der Lilly 7 huscht eine Straße entlang, die durch die Wüste läuft: eine Sandwüste, von niederen Büschen durchsetzt.

Mark wirkt glücklich. Beim Sirenengeheul eines alten, kleinen vorbeifahrenden Zuges überkommt ihn das Lachen. Ein grüßendes Zeichen zum Zug hin, ein Blick auf die Landschaft.

Die Wüste ist jetzt sandig, eine Art See, seit Hunderten von Jahren ausgetrocknet. Der Himmel ist blau. Die Sonne strahlend.

Darias Auto fährt durch dieselbe Landschaft. Auch das Mädchen wirkt entspannt, heiter.

Der Schatten des Flugzeugs streift Darias Auto, das am Straßenrand steht.

Daria ist gerade dabei, Wasser aus einem gelben Tank zu zapfen, auf dem »Kühlwasser« steht. Dann nähert sie sich der geöffneten Motorhaube. Während sie das Wasser hineinleert, fliegt das Flugzeug über ihren Kopf hinweg. Daria beachtet es kaum. Dann steigt sie ins Auto und fährt los.

Vom Flugzeug aus hat Mark sie ausgemacht, das heißt, er hat gesehen, daß da unten ein Mädchen ist, das – allein – die Mohavewüste durchquert. Er wendet und drückt die Maschine hinunter.

Darias alter Ford fährt mit mäßiger Geschwindigkeit dahin. Im Hintergrund – sehr weit weg – bläuliche Berge. Daria lenkt, einen Ellbogen zum Fenster hinausgelehnt. Sie kaut einen Kaugummi. Ihre Ruhe wird durch einen ungewöhnlichen Lärm gestört, der mit rasanter Schnelligkeit näher kommt. Ein Blick in den Rückspiegel: Es ist

*das Flugzeug, das in ganz geringer Höhe von hinten her-
ankommt, das Autodach fast streift, und sich mit fürch-
terlichem Dröhnen entfernt. Daria erschrickt und muß
sich abreagieren.*

DARIA Hol dich der Kuckuck... Wer zum Teufel noch
    mal ist denn das?... Heiliger Arsch...

*Vom Flugzeug aus schaut Mark, stolz über seinen Wage-
mut, herunter. Er stellt sich die Angst des Mädchens vor
und lacht.*

*Von nun an beginnt eine Art Luftkarussell um Darias
Auto herum. Mark überfliegt das Auto wiederum von
hinten, streift es fast, und macht das gleiche von der entgegengesetzten Seite. Er fliegt tief zur Straße hinunter, so
als ob er auf ihr entlangfahren wollte, und erhebt sich
erst im allerletzten Moment, um nicht mit dem Wagen zu
kollidieren. Zuerst ist Daria zornig, aber dann sogar vergnügt. Das Spiel gibt ihr offensichtlich einen Nervenkit-
zel, der ihr nicht unangenehm ist.*

*Nach einem Durchgang, der noch waghalsiger war als
die anderen, bleibt sie doch stehen und steigt aus.*

DARIA Was will denn der eigentlich?...

*Sie schaut dem Flugzeug zu, wie es am Himmel eine
Schleife zu ihr hin ausführt, und wiederum auf eine ganz
geringe Höhe abfällt. Sie verläßt die Straße und bleibt
ungefähr zwanzig Meter davon entfernt, im Sand, stehen. Das Flugzeug macht den Eindruck, als ob es den
Boden streifen würde, und kommt, fürchterlich mit dem
Heck wedelnd, daher. Daria wirft sich bäuchlings auf
die Erde. Sobald die Gefahr vorbei ist, steht sie auf und
nimmt eine Handvoll Sand, die sie – jetzt wieder zornig –
in Richtung auf das bereits hochfliegende und ferne
Flugzeug schleudert.*

Die Lilly 7 stellt sich in einer x-ten Wendung zur Schau und kommt zum Mädchen zurück.

Auf der Erde ist Daria damit beschäftigt, mit großen Buchstaben einen Satz, der an den Piloten des kleinen Flugzeugs gerichtet ist, in den Sand zu schreiben: Fuck off.

Im Flugzeug lacht Mark. Dann dreht er sich um und sucht etwas. Alles, was er an Bord findet, ist ein rotes Kleidungsstück, eine Art Hemd. Er öffnet das Fenster und wirft es hinaus. Das Hemd kreist in der Luft: ein roter Punkt, der sanft auf den Sand gleitet.

Daria, deren Wut vollkommen verraucht ist, läuft hin und hebt es auf. Sie schwenkt es sogar in Richtung Flugzeug, das sie gerade zum letzten Mal überfliegt, bevor es zu den Bergen hin verschwindet.

Wieder Darias Auto auf der Straße. Das Mädchen hört ein Rock-Stück im Radio. Die Straße führt zwischen hohen Büschen hindurch und läuft dann an einer flachen, fast weißen Zone entlang: ein weiterer ausgetrockneter See.

Und gerade dort in der Mitte steht, still am Boden, das Flugzeug. Das Mädchen nimmt es mit Verwunderung, aber auch mit Freude, wahr. Sie biegt in einen Weg ein, der zu einer heruntergekommenen Baracke führt, die am Rand eines Wäldchens aus abgestorbenen Bäumen, unweit vom Flugzeug, gelegen ist. Vor der Baracke steht ein gelber Kleinlastwagen mit Farbdosen und ähnlichen Dingen, kurz und gut, der Ausrüstung eines Malers und Anstreichers. Daria hält an. Sie steigt mit dem roten Kleidungsstück in der Hand aus. Mark kommt ihr entgegen.

DARIA Danke für das Hemd, aber ich glaube nicht, daß es mir paßt.

MARK Wieso denn? Falsche Farbe?

DARIA Falsches Geschlecht.

Sie geht auf ihn zu und trägt dabei das eigenartige Hemd zur Schau. In der Tat hat es einen Reißverschluß in der Höhe des Geschlechts – es ist offensichtlich für einen Mann. Daria hält das Hemd an Marks Körper, wie um zu sehen, ob es ihm paßt. Unterdessen schaut sie einem alten Mann zu, der sich gerade mit Dosen und Pinseln in der Nähe der Baracke zu schaffen macht. Sein Gesicht ist voller Falten, hat aber einen verschmitzten Ausdruck. Und wirklich grüßt sie der Alte, indem er ihr zuzwinkert. Die zwei jungen Leute sind allein, hinter ihnen nur Wüste.

MARK Wohin fährst du?

DARIA Phoenix.

MARK Und warum? Es ist nichts los in Phoenix. Hör zu, ich sitze in der Patsche. Du hast ja ein Auto. Wie wäre es denn, wenn du mich mitnehmen würdest und wir gemeinsam noch etwas Benzin besorgen würden?

DARIA Ist es weit?

MARK Ich weiß nicht. Dieser Mann meint, vielleicht so an die dreißig Meilen.

DARIA In Ordnung.

Sie gehen zum Auto.

DARIA Im Radio haben sie gesagt, daß irgendwer heute vormittag ein Flugzeug gestohlen hat. Sag die Wahrheit, warst du's? Wieso denn?

MARK Um mich von der Erde zu erheben.

Mark und Daria schauen einander an, dann steigen sie ins Auto.

Der Wagen entfernt sich von der Baracke, vom abgestorbenen Wäldchen, zur Straße hin.

Der alte Ford durchquert jetzt wiederum eine andersartige Landschaft. Von rundlichen Schluchten durchbrochene Berge, die wie getrockneter Schlamm aussehen, aber sandfarben und mit braunen Flecken übersät sind. Es ist eine sehr eindrucksvolle und ungewöhnliche Landschaft.

Weit weg auf der Straße taucht der Ford auf und bleibt vor einem von zwei Stangen gehaltenen Schild stehen. Offenbar trägt das Schild eine Aufschrift, eine Richtungsangabe, denn Mark macht eine Bewegung wie um zu sagen: Fahren wir dorthin. Das Auto startet wieder. Im Wageninneren lacht Daria über einige Witzeleien, die der junge Mann ihr gesagt haben dürfte, und ruft aus:

DARIA *Hör auf!*

Das Auto biegt nach links, in eine ansteigende Straße, ein. Nachdem es an zwei unschön gestrichenen, roten Kabinen vorbeigefahren ist, hält es an einer Art Aussichtspunkt an, wo ein weiteres Schild aufragt.

Daria und Mark rasten auf dem Mäuerchen, das den Aussichtspunkt umgibt. Der Ausblick, der sich ihren Augen bietet, ist außergewöhnlich. Ein weites Tal voller gelblicher, weißer und beiger Gipfel und Anhöhen mit braunen oder violetten Flecken. Eine trostlose und geheimnisvolle Mondlandschaft. Durch die vollkommene Stille, die über der Landschaft liegt, wird dieses Geheimnis nur noch größer.

Daria und Mark treten an das Schild heran, das den Namen der Gegend angibt: ZABRISKIE POINT. Unter dem Namen befindet sich eine Aufschrift. Daria beginnt sie zu lesen.

DARIA Dies ist ein Gebiet von uralten Seen, die seit fünf bis zehn Millionen Jahren ausgetrocknet sind. Ihre

Betten wurden von den Kräften der unteren Schichten in die Höhe gedrückt und von Wind und Wasser langsam erodiert. Sie enthalten Borat und Gips.

DARIA Borat und Gips?

MARK Zwei alte Goldsucher, die sich verirrt haben.

Daria gibt ihm einen spaßhaften Schubs. Dann setzen sich beide auf das Mäuerchen und lassen die Beine herunterbaumeln. Eine Weile lang verharren sie so, wie berauscht. Zuerst rafft sich Daria wieder auf: Etwas am Fuß der Mauer zieht ihre Aufmerksamkeit auf sich.

DARIA Wie schaffen es wohl diese Pflanzen, hier zu leben? Sie sind wunderschön.

Dann wendet sie sich an Mark. Sie gibt ihm einen Klaps auf den Arm.

DARIA Aber du, was machst du außer fliegen?

MARK Bis gestern hab' ich mit einem Hubstapler Stoffballen gefahren. Aber ich hab' noch anderes gemacht.

DARIA Universität?

MARK Ein bißchen.

DARIA Warum hast du aufgehört? Promoviert?

MARK Außerplanmäßige Betätigung.

DARIA Und was heißt das?

MARK Das heißt, lieber gebundene Bücher statt Taschenbücher stehlen… auf Kosten des Rektors telefonieren, in der Klasse pfeifen, Verbotenes mitbringen wie einen Hund, ein Fahrrad, eine Frau…

DARIA Und was ist da Schlechtes dran?

MARK Wir machten es im Freien.

Daria lacht.

MARK Eines Tages bin ich in ein Büro gegangen und hab' die Computer umgestellt, und deshalb haben sie mich rausgeschmissen.

*Er springt von der Mauer herunter und dreht sich aber-
mals dem Mädchen zu.*

MARK Und weißt du, warum? Ich hab' die Ingenieure
auf die Kunstschule geschickt.

*Daria lacht, und auch sie beginnt herunterzusteigen.
Mark hilft ihr dabei.*

MARK Uuh! Sie kommt auch runter...

*Als Daria unten ist, nimmt sie das Gespräch von neuem
auf.*

DARIA Also, erzähl mir den Rest deiner Heldentaten.

MARK Einmal hab' ich mich schwarz angemalt, aber es
hat nicht geklappt, und so bin ich wieder geworden
wie vorher.

*Daria entfernt sich ein paar Schritte. Sie kehrt wieder
um.*

DARIA Hast du gehört, daß die Mexikaner die Marihua-
nafelder an der Grenze bombardieren?

MARK Ich würde gern wissen, was sonst noch passiert...
Nichts über die Demonstrationen?

DARIA Nein. Ich hab' lieber Musik.

MARK Jetzt berichten sie schon nur mehr dann davon,
wenn es zumindest zwei- oder dreihundert Verletzte
gibt.

DARIA Allerdings, es muß eine Art Rekord sein.

MARK Oder einen Toten.

DARIA Ja, sie haben einen Polizisten umgebracht. Und
Beete sind zertrampelt worden.

Sie geht, kommt zu ihm zurück.

DARIA Ich hab' gerade einen Rock-Sender gesucht. Sie
haben gesagt, daß der, der den Polizisten umgebracht
hat, ein Weißer ist.

MARK Hm, ein Weißer, der sich mit den Negern zusam-

mentut, he? *(Daria lacht)* Genauso wie der alte John
Brown.

*Daria macht einige Schritte und schaut in die Tiefe der
Talebene. Dann dreht sie sich um.*

DARIA Hast du Lust, zu dem Fluß dort hinunterzuge-
hen?

*Mark beginnt zum Rand der Schlucht zu laufen, die in ei-
nem schwarzen Flußbett endet.*

MARK Wir sehen uns unten!

DARIA Warte!

*Mit einem Satz stürzt Mark los, den Abhang hinunter,
der sehr steil und langgezogen ist. Springend durchläuft
er ihn und stößt dabei ein Indianergeschrei aus. Unten
angekommen, macht er einen Purzelbaum und bleibt
ausgestreckt, wie leblos, am Boden liegen.*

Von oben schreit Daria zu ihm hin:

DARIA He! He, du Spinner! Bist du o. k.?

*Als ganze Antwort hebt Mark einen Arm und läßt ihn
wieder fallen. Daria kehrt zum Aussichtspunkt zurück,
nimmt ihre Handtasche aus dem Auto, kramt darin herum.*

*Mark liegt noch immer auf der Erde ausgestreckt, als
Daria bei ihm ankommt.*

DARIA Rauchen wir eine?

MARK Bedenke, daß du mit einem sprichst, der nicht frei
ist.

DARIA Was soll das heißen?

Mark steht auf.

MARK Es ist vielleicht nicht so ernst zu nehmen... aber
die von meiner Gruppe haben Vorschriften in bezug
aufs Rauchen. Sie sind gebunden... an die Wirklichkeit.

DARIA Wie langweilig! Suchen wir ein wenig Schatten.
Sie machen sich auf den Weg. Daria hält an, um die Zigarette anzuzünden.
Daria sitzt. Sie raucht.
DARIA Was soll das bedeuten »an die Wirklichkeit gebunden«? Ach ja, sie können sich nichts ausmalen. Oh! Aber entschuldige, du könntest sie ja versetzen...
MARK Ich war nicht eigentlich in einer Gruppe. Was soll ich dir da noch sagen? Dieses ganze Geschwätz von denen bringt mich zum Kotzen. Aber... an einem gewissen Punkt muß man sich für die eine oder andere Partei entscheiden.
DARIA Es gibt Tausende Parteien. Nicht nur schlechte und gute.
MARK Hör auf damit. Wie heißt du?
DARIA Daria.
MARK Tatsache ist, daß du, wenn du sie nicht als schlecht beurteilst, sie nicht beseitigen kannst.
Sie sitzen an einer anderen Stelle des weiten Tales.
DARIA Glaubst du, daß, wenn wir sie beseitigen, die Welt anders sein wird?
MARK Warum nicht? Fällt dir etwas Besseres ein, was wir tun sollten?
DARIA Wer, wir? Deine Gruppe?
MARK Ich und du.
Daria lächelt und nähert sich ihm.
DARIA Ich und du?
Abermals eine andere Stelle. Schritte sind zu hören, dann kommt Mark ins Bild, gefolgt von Daria. Das Mädchen bleibt stehen, schaut sich um, seufzt.
DARIA Man fühlt sich wohl hier. Es ist ruhig.
MARK Es ist tot.

Etwas über die Antwort verwundert, schaut ihn das Mädchen an. Während sie antwortet, entfernt sie sich einige Schritte und kommt dann zurück.

DARIA In Ordnung. Es ist tot. Also machen wir ein Spiel. Du beginnst auf der einen Seite des Tales... und ich auf der anderen. Und wir schauen, wer mehr Tote zusammenbringt. Wir beginnen mit den Schlangen und den Eidechsen und machen dann mit den Wildhasen weiter. Am Schluß zählen wir, wie viele von ihnen wir getötet haben. Und der Sieger wird den Besiegten töten.

Pause. Mark lächelt ironisch. Daria fährt fort, in fast demütigem Ton:

DARIA Hab' ich einen Blödsinn gesagt? Hast du keine Lust, dieses Spiel zu spielen?

MARK Ich will gar kein Spiel spielen.

Sie gehen am Fuße der weißen, sonnigen Hügel entlang. Mark und Daria wandern über eine durchfurchte Fläche. Die Hügel im Hintergrund sind hier weiß mit großen, schwarzen Flecken.

MARK Es ist nett von dir, daß du mit jemandem mitgehst, der nicht raucht.

DARIA Ich bin tolerant.

MARK Aber was treibst du in dieser Gegend? Phoenix, ist das dein Ernst?

DARIA Wegen der Arbeit. Ich muß dorthin fahren.

MARK Du bist wirklich tolerant.

Daria lacht.

Eine andere Stelle des Tales. Der Boden ist steinig und gibt das Geräusch der Schritte hart wieder. Daria und Mark steigen einen Abhang hinauf und halten sich an den Händen. Etwas, das sich außerhalb der Bildfläche befindet, zieht die Aufmerksamkeit des Mädchens auf sich. Es macht sich vom jungen Mann los.

DARIA Stell dir vor, daß deine Gedanken Pflanzen sind.

MARK Gut.

Daria berührt die Blätter einer kleinen, grauen Pflanze, die – wer weiß wie – hier inmitten der Steine wächst.

DARIA Wie siehst du sie? Gezüchtet wie in einem Garten; oder wild, wie Farn, Kletterpflanzen, na wie Unkraut eben?

MARK Eine Art Dschungel.

Daria geht auf ihn zu. Er streckt ihr die Hand hin.

DARIA Es wäre schön, wenn man Gedanken in die Köpfe einpflanzen könnte. So hätte keiner häßliche Erinnerungen. Man könnte... ich weiß nicht, nur das Schöne, was du erlebt hast... eine heitere Kindheit, unbefangene Eltern... nur Gutes einpflanzen.

MARK Ja, um zu vergessen, wie furchtbar es statt dessen war.

DARIA *(mit Vehemenz)* Aber das ist ja das Wesentliche: Es gibt nichts Furchtbares.

MARK Ach was.

Eine andere Talebene, die verwirrend schön ist. Durch die gewohnte, vollkommene Stille erscheint sie noch fantastischer. Daria und Mark sind zwei dunkle Punkte im tiefen Tal.

DARIA Manchmal bekomme ich Lust zu schreien.

MARK Aber warum machst du es nicht? Schau, es ist niemand hier. Wüste. Nichts.

DARIA Aber wenn jemand...

MARK Wer? Ein Gespenst?... Ein toter Pionier?

Mark stößt einen Schrei aus, der in einem langen Echo widerhallt. Daria beginnt, sich im Kreis zu drehen, dann zu laufen. Gemeinsam steigen sie eine kleine Anhöhe hinauf und stürzen sich dann auf der anderen Seite, in einer Staubwolke, hinunter. Dabei springen und lachen sie wie Kinder.

Beide sitzen am Rand einer Böschung im Schatten. Daria wirft Steine den Hang hinunter. Die Steine rollen fort und bleiben unten liegen. Daria ist ernst, fast traurig.

DARIA »Wie dem auch sei... wie dem auch sei«.

MARK Was?

DARIA Es müßte ein einziges Wort sein. Der Name eines Ortes... oder eines Flusses. Der Fluß »Wiedemauchsei«.

Ein Hügel mit schrägen Konturen, einer Höhle in der Mitte. Ein altes, aufgelassenes Bergwerk oder eine ehemalige Zufluchtsstätte der Indianer.

Vor sich hinsingend kommt Mark aus der Höhle heraus und tritt an Daria heran, die draußen geblieben ist. Er zeigt ihr, was er in der Hand hält.

MARK He! Schau, was ich gefunden hab'.

DARIA Borat?

Mark bejaht. Es handelt sich um einen zarten, fast durchsichtigen Stein. Daria leckt ihn ab, um ihn noch durchsichtiger zu machen. Darauf schaut sie durch den Stein hindurch, als ob er eine Linse wäre, Mark an. Gleichzeitig nähert sie ihr Gesicht dem seinen. Der Kuß, der darauf folgt, ist sehr natürlich und zärtlich. Er dauert nur einen Augenblick, dann geht Daria weg. Während sie einen Flecken der Hügelkruste betrachtet, an dem eine weiße Maserung auffällt, fragt sie:

DARIA Und was ist das? Gips?

MARK Salz ist es nicht.

Eine andere Stelle der Talebene. Die beiden jungen Leute

*liegen bäuchlings auf der Erde. Vor ihnen dieselbe Land-
schaft, aber von einem anderen Blickwinkel aus gesehen.*

MARK Willst du mit mir kommen?

DARIA Wohin?

MARK Wo immer ich auch hingehe.

DARIA Fragst du mich im Ernst?

MARK Antwortest du mir im Ernst?

*Er streichelt ihre Haare und rückt dann mit seinem Kopf
nahe an den ihren heran. Mark hebt die langen, bis zur
Taille reichenden Haare Darias hoch, läßt sie ihr dann
auf die Schultern fallen und setzt sich ihr gegenüber hin.
Sie sitzen an einer anderen Stelle in einem Schattenbe-
reich. Sie sprechen leise, und Daria lacht. Man versteht
nicht, was sie reden. Durch den Gesichtsausdruck der
beiden und den Ton ihres Geflüsters ist es klar, daß sich
der eine in einem instinktiven Verlangen nach Vertraut-
heit dem anderen nähert. Sie küssen einander. Mark
knöpft ihr Kleid auf, sie lehnt den Kopf an seine Brust.
Einige Augenblicke später sind sie – beide nackt – anein-
andergeschmiegt. Sie küssen sich und wälzen sich zu-
gleich im feinen und weichen Sand. Ihre Vereinigung
wird nach und nach inniger.*

*Auf einmal belebt sich die Talebene. Zwei junge Leute,
die nicht Daria und Mark sind, rollen an einem Abhang
entlang; auch sie halten einander umarmt. Andere zwei,
auf den Knien, schauen sich fest an und schnellen dann
hoch wie Katzen in einem Liebesgeplänkel, das sowohl
vergnügt als auch leidenschaftlich ist. Ein weiteres Paar
in einer anderen Haltung. Im Hintergrund: eine Gruppe
von vieren. Und dann: drei Frauen aneinandergedrückt.
Zwei Männer. Ein Sich-Verwickeln von Beinen, Armen,
Körpern: Sie haben, weil sie sich darin wälzen, die glei-*

che Farbe wie der Sand. Gesten, Gebärden, Liebesrhythmen und Liebesakte einer ganzen Menschenmenge, die sich plötzlich in dieser öden Landschaft versammelt zu haben scheint, um ihr das Leben, das sie vor Millionen Jahren hatte, wiederzugeben.

Daria und Mark gehören auch zu dieser Menge, und sie sind es, die sich mit der größten Zärtlichkeit anschauen, küssen, besitzen. Jetzt fährt das Mädchen über Marks Körper, der auf dem Rücken liegt, bis zu seinem Bauch, während sich ringsherum die Talebene mit Paaren, Gruppen, Hunderten von jungen Körpern füllt, die in einer natürlichen, ursprünglichen und auch etwas ironischen Promiskuität Liebe machen.

Mark, er hat die Augen geschlossen, liegt unbeweglich da. Daria hat das Gesicht an seine Brust gelehnt und schaut in das tiefe Tal hinunter. Es ist wieder leer, aber von Staub erfüllt, den offensichtlich ein Windhauch aufgewirbelt hat. Und doch hat es den Anschein, als ob es derselbe, kurz vorher von der Menge der jungen Liebenden aufgewirbelte Staub wäre, der da in der Luft geblieben ist, zusammen mit dem Gefühl der Freiheit und Klarheit, von dem sich Daria durchdrungen fühlt.

An ihre Traumbilder von vorhin denkend, lächelt Daria. Dann senkt sie den Kopf auf Marks Brust, und auch sie schließt die Augen.

Kurz darauf ist der Platz, an dem sich die beiden jungen Leute befunden haben, leer: Nur noch ihre Spuren, die Beweise ihrer Liebesmomente, sind vorhanden.

Ein Campingwagen mit einem angehängten Außenborder – beide sind blau gestrichen – kommt auf dem Aussichtspunkt von Zabriskie Point an. Inmitten der touristischen Werbeaufkleber von den besuchten Plätzen, die *an einem Türfenster angebracht sind, schleckt ein Kind an einer Eistüte.*

Gemahl und Gattin, in kurzen Hosen, den Fotoapparat umgehängt: zwei Touristen erreichen das Mäuerchen und treten hin, um das Panorama zu betrachten.

MANN Sie sollten hier ein Drive-in errichten. Das wäre ein Geschäft.

FRAU Warum machst du es nicht?

MANN Ich? Pah!

Und er entfernt sich und bereitet sich zum Fotografieren vor.

In einer Schlucht steigen Mark und Daria hoch, um zum Auto zurückzukehren.

Sie erreichen die roten Kabinen. Mark wird jedoch sofort von dem Lärm eines Autos, das rasch näher kommt, irritiert. Schnell betritt er die eine der Kabinen, auf der MÄNNER geschrieben steht, und schließt die Tür. – Daria versucht, das gleiche zu machen, aber das Auto ist bereits da. Dem Mädchen bleibt nichts anderes mehr übrig, als auf den Wagen zuzugehen.

Es ist ein Polizeiwagen. Ein Polizist steigt aus. Er kommt seinerseits auf Daria zu. Die zwei bleiben wenige Schritte voneinander entfernt stehen.

POLIZIST Ist irgend etwas nicht in Ordnung?

DARIA Nein, nein. Ich wollte gerade aufs Klo gehen.

POLIZIST Wo ist Ihr Auto?

DARIA Ich hab's dort unten gelassen, zusammen mit…
Führerschein, dem Scheckbuch, der Kreditkarte, der Versicherungspolice, Geburtsschein und…

Sie stockt. Der Polizist mustert sie von oben bis unten.
Sie ist ein schönes Mädchen, ihr Gesicht ist voll Sonne.
Sie steht da, allein, in der Wüste. Und wirklich läßt der

Polizist seinen Blick ringsherum schweifen: nichts, niemand. Nur ein ferner Rauchfaden, geheimnisvoll wie ein Indianerzeichen.

Der Polizist nimmt die Sonnenbrille ab und starrt Daria von neuem an. Er hat blaue Augen, und sein Blick verrät ziemlich deutlich die Gedanken, die ihm durch den Kopf gehen dürften.

Mark ist in der Zwischenzeit aus seinem Versteck herausgekommen. Er hat die Pistole in der Hand und visiert den Polizisten an. Er ist im Begriff, auf den Abzug zu drücken, als Daria ihn sieht und sich zwischen ihn und den Polizisten stellt.

Der Polizist muß sie ebenso plötzlich wie sie ihm gekommen sind, auch wieder verscheucht haben, diese gewissen Gedanken. Tatsächlich setzt er die Brille wieder auf, tut einen Seufzer und geht, nach einem Blick auf Daria, weg.

Daria läuft sofort zu Mark.

DARIA Was ist denn in dich gefahren? Bist du verrückt?... Ist sie geladen?

MARK Nein.

Währenddessen öffnet er die Pistolentrommel und läßt die Kugeln auf den Schotter, der den Boden bedeckt, fallen. Dann beginnt er, die Erde mit der Fußspitze umzugraben.

DARIA Was machst du, suchst du Wasser?

MARK Ich vergrabe sie.

Pause.

DARIA Warum hast du mich nach dem Streik gefragt? Warst du dort?

MARK Allerdings.

DARIA Der, der den Polizisten umgebracht hat...

Der jähe Einfall läßt sie aufhorchen. Sie dreht sich um und schaut Mark in einer neuen Art und Weise an. Fast mit Vorsicht nähert sie sich ihm, wobei sie ihm sanft eine Hand auf die Schulter legt. Mark erkennt, woran sie denkt, und kommt jeder Frage zuvor.

MARK Nein. Ich wollte es tun. – Ein anderer hat es getan.

DARIA Sie haben aber gesagt...

MARK Wer hat gesagt?

DARIA Im Radio.

MARK Ich hab' nie einen Schuß abgegeben.

Zornig tritt er mit dem Fuß in den Kies, wo die Kugeln hingefallen sind. Daria bückt sich, um sie aufzuheben.

DARIA Du könntest sie brauchen. Es wird schwer sein, sie zu überzeugen.

MARK Ich denke nicht einmal daran.

Er entfernt sich einige Schritte. Das Mädchen holt ihn ein.

DARIA Warum? Ich glaube dir.

Jetzt ist sie es, die sich zuerst in Bewegung setzt.

DARIA Gehen wir zum Auto zurück. Verschwinden wir. Wenn du dir die Haare schneiden läßt, wer erkennt dich dann wieder?

MARK Meinst du, ich sollte sie mir schneiden?

Daria schaut ihn zärtlich an, fährt ihm mit einer Hand durch die Haare und lächelt.

DARIA Nein. Du siehst sehr gut aus.

Mark, Daria und der Alte von der Baracke sind mit dem Übermalen des Flugzeugs beschäftigt. Es sieht jetzt ganz so aus wie ein Flugzeug aus einem Vergnügungspark; vielleicht von einer etwas größeren Freizügigkeit: zwei riesige Brüste auf der Tragfläche, ein riesiges männliches Glied auf der einen Seite, eine Bombe auf der anderen.

Das Ganze ist geschmückt mit Blumen, Aufschriften gegen das Geld, den Krieg, für den »freien Orgasmus« etc.:
Suck bucks – no war – no words – freecome – she-he-it – shit.

MARK Vielleicht denken die sogar, daß es kein Flugzeug ist... Ein seltsamer prähistorischer Vogel, der über die Mohavewüste fliegt und die Genitalien draußen hat!

Das Mädchen hört auf zu malen und geht zu ihm hin.

DARIA Meiner Meinung nach bist du verrückt, wenn du dieses Dingsda nach Los Angeles zurückbringst.

MARK Ja, aber du kannst doch nicht ein Privatflugzeug klauen, es verwenden, wie du willst, und dann nicht wieder zurückkommen, um danke zu sagen.

Der Alte von der Baracke befaßt sich gerade mit der Propellerhaube.

ALTER Es ist erfreulich, wenn man einen jungen Mann trifft, der Respekt zeigt.

Daria und Mark brechen in Lachen aus. Mark schreibt »danke« auf einer Fensterscheibe fertig und geht dann die Arbeit des Alten betrachten.

MARK Prima, braver Opa!

ALTER Es ist schön, ja!

Nachdem Daria ihre Hände gewaschen hat, trocknet sie sie ab und geht dann zu Mark.

DARIA Glaubst du wirklich, daß du es schaffen wirst?

MARK Ich brauche nur am Ende der Piste, weit weg vom Turm, zu landen. Von dort kann ich es schaffen. Ich lauf' in die Stadt, bevor sie merken, was passiert ist.

DARIA Aber warum es zurückbringen? Du kannst es hier lassen und mit mir nach Phoenix kommen. Du mußt doch kein Risiko eingehen.

MARK Ich riskiere gern etwas.

*Er schaut das Flugzeug zufrieden an und wendet sich an
Daria.*

MARK Na, es ist doch gut gelungen, nicht?

DARIA Ja.

*Sie fährt ihm mit der Hand über das Gesicht. Es ist eine
sanfte Abschiedsliebkosung.*

*Mark sitzt in der Führerkabine und winkt Daria zu, die
ihn anlächelt.*

*Der Motor springt an, während man die Propellerhaube
des Flugzeuges sieht: Sie stellt ein Schwein mit listigem
Ausdruck dar: (Als »pigs« werden von den Studenten
und Farbigen die Polizisten bezeichnet.) – Das Flugzeug
hebt ab. Daria schaut mit einem ein wenig traurigen Lächeln, wie es am Himmel verschwindet.*

45. Flughafen. Außen. Tag.

*Am Flughafen, von dem Mark abgeflogen ist, ist eine
Untersuchung über den Flugzeugdiebstahl im Gange.
Die Polizei, ein Rundfunkreporter, ein paar Fotografen
sind da. Ein Sergeant spricht mit dem Flugzeugeigentü-
mer.*

SERGEANT Haben Sie es oft benützt, das Flugzeug?

EIGENTÜMER Ja.

SERGEANT Ist es schadens- und diebstahlversichert?

EIGENTÜMER Ja, sicher. Natürlich! Es ist ein kleines,
aber durchaus nicht billiges Flugzeug, das kann ich Ihnen sagen. Meiner Frau machte es sehr viel Freude. Ich
hab' es in ihrer Lieblingsfarbe gestrichen: rosa.

46. Wüste. Außen. Tag.

Marks Flugzeug, übermalt wie wir es gesehen haben, überfliegt die Wüste.

47. Flughafen. Außen. Tag.

Der Reporter befragt den Mechaniker, der auf Mark zugekommen war, als er abfliegen wollte.

REPORTER Also Sie haben mit dem Burschen gesprochen.

MECHANIKER Ja, ja, ich hab' mit ihm gesprochen.

REPORTER Und was hat er gesagt?

MECHANIKER Na, er hat mich gefragt, ob ich einen Rundflug machen will. Er hat den Eindruck erweckt, als ob das Flugzeug ihm gehören würde.

REPORTER Und Sie haben ihm geglaubt?

Der Mechaniker denkt kurze Zeit darüber nach und schüttelt dann den Kopf.

MECHANIKER Nein.

48. Wüste. Außen. Tag.

Darias Auto durchquert eine Landschaft mit mehr Grün. Das Radio ist aufgedreht und sendet das Interview des Reporters mit dem Mechaniker.

REPORTER *(off, im Radio)* Nun, warum haben Sie ihn dann fliegen lassen?

MECHANIKER Ich weiß es nicht.

REPORTER Erinnern Sie sich, was er anhatte?

MECHANIKER Er trug ein Hemd und... die dunklen Haare.

REPORTER Wie alt dürfte er gewesen sein?

MECHANIKER Na ja, ungefähr dreißig... oder vielleicht jünger... zwanzig, einundzwanzig...

Daria lacht und wechselt den Sender. Ihr Ford rollt auf der Autobahn, die mitten durch eine sich dauernd verändernde Wüste führt.

Inzwischen setzt die Lilly 7 ihre Reise fort und überfliegt eine Gruppe von felsigen Bergen.

Im Auto schaltet Daria das Radio neuerlich ein.

RADIOSPRECHER Der Club der »Vier H« hat im Stadion der Shepparder Mittelschule einen Sportsonntag organisiert. Es wird ein Rodeo stattfinden, und es wird Pferde, Staub und Vergnügungen für alle geben. Und auch ordentlich viel Eis, ich wette...

Daria wechselt den Sender. Sie erwischt eine Westernmusik.

Die Vegetation ist jetzt viel exotischer: üppige Pflanzen, rötliche Erde. Der Himmel ist mit schneeweißen Wölkchen übersät. – Wir sind in Arizona.

Das Auto kommt an einer Gruppe von Wildpferden vorbei, die in entgegengesetzter Richtung am Straßenrand entlanglaufen.

Die Lilly 7 fliegt weiter, jetzt über einer Wolkenbank.

49. Flughafen. Außen. Nachmittag.

Auf dem Flughafen lauert die Polizei. Ihre Autos stehen versteckt hinter den Gebäuden, überall.

Ein Polizist in Zivil ist auf dem Kontrollturm und spricht über Funk mit einem seiner Kollegen am Flugfeld.

POLIZIST IN ZIVIL I Wir haben die Lilly 7 hier gesichtet. Sie kommt aus Norden und nähert sich der Piste im Landeanflug.

Der Polizist in Zivil am Fuß des Turmes hat ein Walkietalkie in der Hand.

POLIZIST IN ZIVIL II Verstanden.

Er dreht sich um und macht ein Zeichen zu den anderen Polizisten hin. Diese laufen los zu ihren Autos, und er steuert auf seines zu.

Alle Polizisten setzen sich in die Autos, während eine Stimme aus einem Lautsprecher wiederholt:

LAUTSPRECHER Alle ankommenden Flugzeuge haben sich in die Wartezone zu begeben... Alle ankommenden Flugzeuge haben sich in die Wartezone zu begeben...

Die zwei Fotografen erreichen den Pistenrand. Der Reporter gelangt zu seinem Auto, von wo aus er sich mit dem Hubschrauber seiner Radiostation in Verbindung zu setzen sucht.

REPORTER K H T sieben fünf neun, hier ist K H T sechs fünf zwei. Bitte melden.

Aus dem Autolautsprecher kommt die Stimme des Reporters im Hubschrauber.

HUBSCHRAUBER K H T sechs fünf zwei, hier ist K H T sieben fünf neun. Du müßtest das Flugzeug sehen, du würdest es nicht für möglich halten.

REPORTER Was ist los?

HUBSCHRAUBER Nichts. Sie haben sich einen Spaß daraus gemacht, es überall ein bißchen zu bemalen.

Marks Flugzeug ist nun vom Flughafen aus am Himmel zu sehen.

Am Boden: Die Polizisten in ihren Autos verfolgen es mit den Blicken.

Das Flugzeug fährt das Fahrgestell aus.

Die Autos, die auf der Seite des Turms gestanden waren, rücken gegen die Piste vor.

Das Auto auf der anderen Seite bezieht so Position, daß es die Landung kontrollieren kann.

Die Lilly 7 verliert an Höhe, macht gleichzeitig eine Wende und nähert sich der Piste. Sie schwankt wie ein Vogel, während sie sich darauf vorbereitet aufzusetzen.

Der Polizist in Zivil, der auf dem Turm gewesen ist, steht jetzt unten und befiehlt den Fotografen, sich vom Flugfeld zu entfernen.

Die Autos haben sich in Bewegung gesetzt, haben die Sirenen aufgedreht und fahren parallel zueinander die Hauptpiste entlang, um dem Flugzeug den Weg abzusperren.

Im Flugzeug bemerkt Mark das Manöver. Er weicht auf eine Nebenpiste aus. Aber hier wird er von dem Auto eingeholt, das auf der anderen Seite gestanden ist. Es bleibt auf gleicher Höhe mit ihm, um ihm jedes Manöver unmöglich zu machen. Mark versucht, es abzuschütteln, sich zu befreien, wobei er es beinahe erfaßt.

Währenddessen haben sich die anderen Autos so formiert, daß sie die Maschine umzingeln. Aus den Autofenstern lehnen Polizisten, mit der Pistole in der Faust. Es gibt keinen Ausweg. Die einzige Möglichkeit, die Mark übrigbleibt, ist: schnell umdrehen und einen neuen Start in entgegengesetzter Richtung versuchen. Das ist es, was er probiert.

Aber sobald die Polizisten das Manöver bemerken, feuert einer von ihnen aus einem Auto vier Schüsse ab.

Das Flugzeug kommt zwischen den beiden Pisten, auf dem Gras, zum Stillstand. Der Motor stirbt ab. Die Polizeisirenen stellen ihr unheimliches Geheul ein. Einige Augenblicke lang passiert nichts. Die vier Polizeiautos stehen unbeweglich um das Flugzeug herum. Und das Flugzeug steht da wie tot, in einer gespannten Stille. Dann steigen zwei Polizisten aus und gehen, die Pistole in der Hand, hinter ihren Autos in Deckung.

Aus einem anderen Auto steigen der Sergeant und ein Polizist aus. Sie streben auf das Flugzeug zu. Alle versammeln sich jetzt um die Maschine herum, auch die Polizisten in Zivil. Der Sergeant wirft einen Blick ins Innere. Danach dreht er sich um und schaut den Polizisten, der geschossen hat, mit einem nahezu bestürzten Ausdruck in den Augen an. Er versucht, die Tür aufzumachen, aber es gelingt ihm nicht, weil sie von innen abgesperrt ist. Während er sich entfernt, sagt er:

SERGEANT Ruft einen Krankenwagen. Und besorgt mir ein Werkzeug zum Aufmachen.

Auch die anderen Polizisten gehen weg.

Durch die vordere Scheibe des Flugzeuges hindurch sieht man Marks Kopf, leblos, auf das Armaturenbrett hinuntergesunken.

Der Reporter spricht ins Mikrophon, aber wir hören seine Stimme nicht, weil sie vom ohrenbetäubenden Lärm des landenden Hubschraubers übertönt wird. Auch der Reporter im Hubschrauber spricht gerade ins Mikrophon und verbreitet so die Nachricht von dem, was sich eben auf einem Flughafen in Los Angeles ereignet hat...

50. Wüste nahe von Phoenix. Außen. Tag.

REPORTER HUBSCHRAUBER *(off)* »...wo heute vormittag eine versuchte Luftpiraterie auf eine tragische Weise geendet hat. Der Vorfall ereignete sich, als die Polizei, nachdem sie sich vergeblich bemüht hatte, das Flugzeug aufzuhalten, das Feuer eröffnen mußte. Mehrere, von einem nicht identifizierten Polizisten abgegebene Schüsse haben den Flugzeugrumpf getroffen. Der junge Mann, der sich an Bord befunden hat, war auf der Stelle tot. Bleiben Sie auf Sendung, um weitere Einzelheiten zu hören. Es folgt nun unser Programm mit John Fahey.«

Darias Auto steht auf einer Straße, die mitten durch einen Wald aus riesigen Kakteen führt. Nachdem Daria die Nachricht erfahren hat, mußte sie halten und aussteigen. Sie macht einige Schritte wie ein Roboter — bleibt stehen. Der traurige Gitarrenklang, der aus dem Radio kommt, stimmt offensichtlich mit ihrem Gemütszustand überein. Daria hat den Blick auf den Boden geheftet. Dann hebt sie den Kopf, aber es gelingt ihr nicht, etwas anderes als die Leere um sich herum zu sehen. Kurz darauf beginnt sie, dem Rhythmus der Musik folgend, sich hin- und herzuwiegen — anfangs unmerklich, dann stärker. Eine leichte Brise zerzaust ihr das Haar.

Plötzlich hält Daria ein. Sie läuft zum Auto und startet. Sie ist im Begriff, die der, in der sie unterwegs war, entgegengesetzte Richtung einzuschlagen. Genau am Straßenrand bringt sie den Wagen aber zum Stehen. Es ist eindeutig, daß sie ganz stark den Wunsch verspürt, nicht mehr dorthin zu fahren, wo sie hinfahren muß. Dann

*findet sie sich jedoch damit ab, und sie fährt zwischen
den riesigen Kakteen in Richtung Phoenix.*

51. Villa in Phoenix. Außen. Dämmerung.

*Darias Auto durchfährt eine Zone mit dichter Vegetation. Es klettert eine Straße empor, an deren Ende eine
große, supermoderne, auf Felsen erbaute Villa steht. Daria parkt das Auto neben anderen und geht auf das Haus
zu. Ein Wassergeräusch läßt sie umkehren. Zwischen
den Felsen erkennt man undeutlich ein Schwimmbecken
und einen Tisch mit großem Schirm.*
*Daria wendet sich dorthin und sieht, auf der anderen
Seite des Bassins, drei etwas snobistisch wirkende Damen. Verschwommen dringt ihr Gespräch an Darias
Ohren.*

DAME I Aber warum... womit war es ähnlich?

DAME III Frag das nicht sie.

DAME II Wenn ich mich heute abend betrinke, sag' ich
dir alles.

DAME I Weißt du, man kann mit diesen beiden da nichts
anfangen...

DAME III Mag sein, trotzdem... was soll ich dir noch sagen...

*Das Telefon läutet. Daria spaziert an den Felsen entlang,
ohne gesehen zu werden. Dann bleibt sie stehen.*

DAME II Da nimm, es ist für dich.

DAME I Ja, Tschüß. Er hat gesagt, daß er gleich kommt
und uns alles erzählt, was letzte Nacht passiert ist.

DAME I Willst du Feuer?

DAME II Es ist unheimlich interessant, weißt du, was

Nicky gesagt hat. Es scheint, daß sie hier ganz in der Nähe vom Bassin gewesen ist und alles gesehen hat.

Daria war einen Augenblick lang stehengeblieben; geht dann wieder weiter und betritt eine Art Höhle, die zur Villa führt.

Ein Rinnsal fließt von einem der Felsblöcke herunter. Daria bleibt stehen, um es zu betrachten, um sein Geräusch anzuhören. Erst jetzt spürt sie, wie fest sich ihre Kehle zugeschnürt hat. Es gelingt ihr nicht, einen Schluchzer zu unterdrücken. Sie ist nahe daran, in Tränen auszubrechen. Statt dessen lehnt sie sich aber an den Felsen und läßt sich vom Wasser bespritzen, das ihr über das Gesicht läuft.

Als sie sich abwendet, ist ihr Kleid zur Hälfte naß. Sie fährt sich mit den Händen übers Gesicht und geht weiter auf die Villa zu, die äußerst luxuriös aussieht: riesige Glasfenster eines ebenso riesigen Wohnzimmers, in dem einige Geschäftsleute gerade diskutieren, während eine alte, indianische Hausangestellte ihnen Getränke serviert. Allen ist unter ihnen. Daria schaut sie durch die Scheiben hindurch an, wie sie diskutieren, aufstehen, trinken, gestikulieren.

52. Villa in Phoenix. Innen. Dämmerung.

Innen: Die Geschäftsleute stehen vor einer Landkarte.

GESCHÄFTSMANN I Lieber Larry, wenn das Ihre letzten Konditionen sind, sehe ich nicht, wie ich es anstellen soll, sie meinen Kompagnons zu unterbreiten. Ihr Vorschlag ist unannehmbar.

ALLEN Hören Sie, Jack. Sie wissen sehr wohl, daß der

Preis einer Sache an sich niemals hoch oder niedrig ist
– nur im Verhältnis dazu, wie groß das Verwendungs-
potential einer Sache ist. Ist es nicht so? Also, die einzige Frage, die es zu entscheiden gilt, ist die: Hat dieses
Land für Euch eine Bedeutung oder nicht?

GESCHÄFTSMANN I Offen gesagt, ich glaub' nicht, daß es
eine hat. Und wir wollen uns nicht mehr darauf einlas-
sen, als ihr selbst es tut.

53. Villa in Phoenix. Außen. Dämmerung.

*Daria beobachtet sie noch von außen, dann geht sie um
das Gebäude herum bis zum Eingang.*

54. Villa in Phoenix. Innen. Dämmerung.

*In der Halle schaut sie sich um und setzt dann ihren Weg
fort. Sie sieht die Gruppe im Wohnzimmer und macht
kehrt.*
*Vor der Landkarte ist die Besprechung an einem toten
Punkt angelangt. Allen gibt seinem Kompagnon ein Zeichen und geht mit ihm in Richtung Terrasse. Die anderen nehmen leise das Gespräch wieder auf.*

GESCHÄFTSMANN II Er redet vom Verwendungspoten-
tial. Aber das ist Spekulation. Warum sollten wir Spe-
kulationspreise akzeptieren?

GESCHÄFTSMANN III Glaubst du nicht, daß sie soweit
kommen werden, daß…

*Allen und sein Kompagnon nähern sich der Verandatür.
Sie öffnet sich zur Terrasse, die an einer abschüssigen*

Stelle über den Felsen die Villa zur Hälfte umgibt.
KOMPAGNON Was meinst du dazu? Halten wir durch?
Allen macht eine Bewegung, wie um zu sagen: Immer mit der Ruhe, wir werden sehen. Sie treten auf die Terrasse. Von deren Ende nähert sich ein Mädchen, eines der drei vom Bassin, und ruft:
DAME III Richard!
Der Kompagnon dreht sich um und geht ihr entgegen. Allen will sich gerade mit dem Rücken an das Geländer lehnen, als er im Sichumdrehen zusammenzuckt.
Im Vorraum steht noch Daria, unbeweglich, mit einem niedergeschlagenen Ausdruck im Gesicht. Allen geht auf sie zu.
ALLEN Daria! ...He!
Er geht auf Daria zu. Weil sie sich aber nicht umwendet, veranlaßt er sie dazu, indem er ihr Gesicht berührt. So bemerkt er, daß ihr Kleid ganz naß ist.
ALLEN Aber... was ist denn passiert? Bist du ins Bassin gefallen?
Er legt ihr liebevoll die Hände auf die Schultern und fährt fort:
ALLEN Na, immerhin bist du jetzt da. Und das ist das, was zählt.
Während er sie zur Treppe hinlenkt, immer noch einen Arm um ihre Schulter, sagt er:
ALLEN Hör zu. Jetzt gehst du hinunter und ziehst dich um. Dein Zimmer ist das erste rechts am Ende der Treppe. Ja?
Daria beginnt hinunterzusteigen. Nach ein paar Stufen bleibt sie nochmals stehen, um ihn anzuschauen. Dann geht sie weiter.
Sie kommt auf einen kleinen, von Glaswänden einge-

79

schlossenen Treppenabsatz. Die Ruhe wird durch das Geräusch von Wasser, das hier irgendwo in der Nähe fließt, unterbrochen. Daria versucht, die erste Tür rechts – eine Glastür – aufzumachen, aber sie ist abgesperrt. Nun drückt sie eine zweite Tür auf – sie öffnet sich. Daria macht sie aber nicht ganz auf. Es ist, als ob ihr auf einmal die Kraft zum Eintreten fehlen würde. Sie macht einige Schritte in diesem Glaskäfig und schaut hinaus. Der Treppenabsatz ist freitragend auf die Felsen gebaut und mit einer Terrasse verbunden, die zur Vorderseite des Hauses hinaufführt. Die Landschaft, die man im Hintergrund sieht, schaut wie ein bezauberndes Gemälde aus. Schrittgeräusche veranlassen Daria dazu, sich umzudrehen. Über die Terrasse nähert sich eine Hausangestellte mit einem frisch gebügelten Kleid auf dem Arm. Sie hat, wie die andere Hausangestellte, eine weiße Schürze um, und auch sie ist Indianerin. Sie kommt auf dem Treppenabsatz an, gegenüber von Daria. Sie bleibt stehen. Da Daria sie mit einem eigenartig starren Blick anschaut, lächelt die Indianerin Daria an. Das Lächeln verrät vor allem Sympathie, offenbart aber auch eine derart unschuldige und resignierte Unterwürfigkeit, daß Daria davon wie traumatisiert ist. Beide sind ungefähr gleich alt, beide sind in diesem Glaskäfig eingeschlossen – eine gegenüber der anderen – und sehen einander an. Es dauert nur einige Augenblicke lang. Dann beginnt die Indianerin die Treppe hinaufzusteigen, die ins Haus führt. Dorthin nämlich muß sie das Kleid der Herrin tragen. Daria bleibt und schaut ihr nach. Ihr Herz schlägt immer schneller, bis sie es nicht mehr aushält: Sie stürzt zur Tür, macht sie auf und geht fort.

55. Villa in Phoenix. Außen. Dämmerung.

Endlich ist sie draußen. Sie fängt an zu rennen. Sie durchquert einen kleinen Garten, durch den ein Bach fließt, steigt eine andere Außentreppe hinauf und ist auf dem Platz, wo sie den Wagen abgestellt hat.
Darias Auto fährt die Straße hinunter, auf der es vor kurzem emporgeklettert ist. Es ist schon Abenddämmerung. Daria hält das Auto an und lehnt sich hinaus, um die Villa – dort oben zwischen den Felsen – zu betrachten. Die Terrasse liegt verlassen da. In einem Aschenbecher auf einem Tischchen liegt eine noch brennende Zigarette. Ein Windstoß bewegt die Seiten einer Zeitschrift. Auf einem anderen Tischchen: ein abgedrehtes Radiogerät.
Innen: Auch das Wohnzimmer ist leer. Im Hintergrund hebt sich die große Landkarte ab. Sie ist übersät von kleinen, bunten Schildern. Auch die Gänge sind leer. Es wirkt wie ein Haus, das eben verlassen worden ist.
Daria sitzt noch immer im Auto. Ihr Gesicht ist von einem Schmerz gezeichnet, der immer größer, anstatt schwächer zu werden scheint. Sie läßt den Kopf auf die Rückenlehne fallen, birgt das Gesicht in den Händen.

56. Villa in Phoenix. Innen. Dämmerung.

Im Wohnzimmeer: In dem Schwarz gespiegelt, das auf der Landkarte das Meer darstellt, sieht man die Geschäftsleute. Sie sind noch immer in ihre Diskussion vertieft. Gesprächsfetzen. Die Gesichter etwas verschwommen, die Landkarte – das Diskussionsthema – klar und völlig scharf eingestellt.

GESCHÄFTSMANN II Es ist offenkundig, daß die Zone viele Entwicklungsmöglichkeiten hat… mit einem Strand, einem See… wo man ruhig und in angenehmer Weise leben kann.

GESCHÄFTSMANN I Also, ich muß sagen, daß mich die Sache insgesamt begeistert. Vielleicht finden wir sogar noch Gold auf diesem Grundstück. Wenn wir da Wasser finden, finden wir sicherlich auch Gold.

GESCHÄFTSMANN II *(off)* In diesem Land ist Wasser das Gold.

GESCHÄFTSMANN III Das Wasser, die Elektrifizierung, die Landepiste, die Straßen, das Einrichten der Strände, die anderen Serviceanlagen stellen nur Details unseres Gesamtprojektes dar.

57. Villa in Phoenix. Außen. Dämmerung.

Daria, noch immer auf dem Fahrersitz des Ford – sie hat aber den Kopf nicht mehr auf die Rückenlehne gelegt – schaut unverwandt die Villa an. Sie hat gerade aufgehört, sich im Inneren des Hauses Allen, die anderen und ihre Gespräche vorzustellen.

Auf dem Sitz neben ihr liegt immer noch Marks rotes Hemd. Sie hebt es auf, legt es auf die Rückenlehne und streichelt es sehr zärtlich. Dann steigt sie plötzlich aus dem Auto aus. Sie macht einige Schritte auf der Straße in Richtung Villa, bleibt stehen und betrachtet sie. Die Villa ist von einem rötlichen Sonnenuntergang angestrahlt.

Kurze Zeit vergeht, ohne daß etwas passiert. Daria

schaut das Haus mit immer starrer werdendem Blick an. Es ist die Starrheit, die von einem Gedanken diktiert ist. Eine gigantische Flamme, ein Donner, ein schwarzer Rauchpilz, der sich zum Himmel erhebt; eine Unzahl von Trümmern, die unter deutlich hörbarem Geknister in die darauffolgende Stille zurückfallen: Die Villa ist explodiert.

Und sogleich sehen wir sie wieder unversehrt, mehr aus der Nähe. Unversehrt. Ein weiterer Donner. Noch eine Explosion. Flammen lodern auf.

Die Villa ist abermals unversehrt. Man sieht sie aus noch kürzerer Distanz. Ein dritter Donner. Eine dritte Explosion, heftiger als die vorangegangenen.

Das Echo der Explosion ist noch nicht ganz verklungen, als schon eine nächste folgt: zwei-, drei-, fünf-, siebenmal. Die Mauern, die Stützpfeiler, die Terrassen, die Glasfenster, das Dach: Alles wird zerstört, zunichte gemacht.

Aus den Trümmern der Villa steigt noch eine Rauchsäule auf, die von den immer heftigeren Flammen erzeugt wird. Eine letzte große Explosion zwischen diesen Flammen. Ihr folgen drei weitere, abrupte, kurze, von zum Haus gehörigen Gegenständen.

Und dann, gegen einen blauen Himmel hin: Da tauchen plötzlich die weißen Gartentische und die großen Schirme auf, die wir um das Bassin herum gesehen haben. Es ist nur ein Augenblick. Dann explodieren auch diese Gegenstände, aber jetzt in einer anderen Art: Es ist ein ganz langsames und ruhiges Bersten, das die Gegenstände fast sanft hinausschleudert, und sie in der Luft schweben läßt, als ob sie kein Gewicht hätten.

Und da: der Salto eines mit Frauenkleidern angefüllten

Schranks, noch immer gegen den blauen Himmel hin. Die Kleider – bereits zu bunten Fetzen zerrissen – bewegen sich in einem phantastischen Ballett außerhalb von Zeit und Raum.

Das Gesicht eines Fernsehsprechers ist den Bruchteil einer Sekunde lang zu sehen. Dann geht alles: Fernsehapparat, die Blumenvase, die oben drauf war, der Stuhl, der daneben stand – alles geht in Stücke. Man kann in der Luft die Schaltkreise, die Röhren und andere Teile des Fernsehers wiedererkennen, die sich alle im gleichen, verlangsamten Rhythmus bewegen.

Gleich danach ist es ein Kühlschrank, vollgestopft mit Lebensmitteln, der in die Luft fliegt: Die Lebensmittel wirbeln ganz langsam in den Himmel: Melanzani, Karotten, Sellerie, Langusten, Fische, Hühner, Konserven. Orangen wie Planeten. Ein ironisches Werbekarussell im kosmischen Raum.

Da kommt der Gartentisch wieder. – Stillstehend, in mittlerer Höhe, sieht er genauso aus wie die Mondfähre. Dann: Eine Zeitung, die hin und her schwingt und sich ganz langsam einrollt, gleichsam angetrieben von einem abstrakten Wind.

Darauf steigen, vom Bildgrund her, andere Zeitungen und Bücher ins Bildfeld: Gipfel einer x-ten Explosion, die von einem Geheul auf der Tonspur begleitet ist. Anfangs wenige Bücher, und dann viele, immer mehr. Die Bücher, halb verbrannt, verlieren langsam die Blätter: Sterbende Bücher, die näher herankommen, wie um sich noch ein letztes Mal lesen zu lassen.

Jetzt ist es eine ganze Bibliothek, die in einem apokalyptischen Licht explodiert. Die Bände stoßen aneinander, geraten durcheinander, krümmen sich, werden immer zahlreicher und füllen schließlich die ganze Bildfläche aus.

Daria, sie ist noch immer in ihrer Vorstellung gefangen, betrachtet die Villa. Sie hat ein rätselhaftes Lächeln auf den Lippen. Aber plötzlich rafft sie sich auf und geht zum Auto. Sie steigt ein. Das Auto bewegt und verliert sich in der nun im vorgerückten Sonnenuntergang schon dunklen Vegetation. Nur der Himmel hat noch lebhafte Farben: rot und dunkelorange, mit einer glühenden Sonne an der Horizontlinie.

Alberto Moravia
Auch die Kunst Antonionis ist explodiert

Manch einer hat geglaubt, in »Zabriskie Point« ein gewisses Mißverhältnis zwischen der zarten Liebesgeschichte und der Endapokalypse zu bemerken. Tatsächlich ist, wenn man den Film als eine Liebesgeschichte liest, das Mißverhältnis unleugbar. Zwei junge Menschen treffen einander zufällig, lieben sich, und nachdem sie ein paar Stunden zusammen waren (die unbedingt notwendige Zeit, um auf nicht vollkommen brutale Art Liebe zu machen), trennen sie sich: Sie setzt die Reise im Auto zur Villa des Geschäftsmannes, dessen Sekretärin sie ist, fort. Er kehrt zu dem Flughafen, von dem aus er das Weite gesucht hat, zurück, um die Maschine, die er dort gestohlen hat, zurückzugeben. Unglücklicherweise schießt die Polizei im Augenblick der Landung und tötet ihn. Das Mädchen erfährt vom Tod des Gefährten aus dem Autoradio. Und jetzt, in ihrem entrüsteten Schmerz, stellt sie sich vor, daß die Villa des Geschäftsmannes durch eine thermonukleare Explosion zu Asche verwandelt wird. Selbstverständlich, wir wiederholen es, kann eine derartige Deutung des Films als Liebesgeschichte nicht umhin, ein Mißverhältnis zwischen dem Gefühlsgehalt der Geschichte und der apokalyptischen Prophezeiung zu konstatieren. Um so mehr, als der Tod des jungen Mannes nicht das Resultat einer dieser amerikanischen Schreckenssituationen des Konformismus und der Heuchelei zu sein scheint, die so oft vom Roman und vom Film der Vereinigten Staaten aufgezeigt werden. Es stimmt, Mark wird von der Polizei getötet; aber sein Tod wirkt fast wie ein Irrtum, ein Zufall, ein Verhängnis – und vielleicht ist er es.

Aber man kann den Film auch anders lesen. In der anderen Lesart ist die Liebesgeschichte nicht mehr als ein Aspekt unter vielen – von etwas sehr Umfangreichem und Wichtigem; wie auch der Fehler der Polizei nicht mehr ist, als Teil eines viel ausgedehnteren und komplexeren Bildes. Mit anderen Worten: Eine Lektüre nicht im Sinn einer traditionellen Erzählung, mit einem Anfang, einer Entwicklung und einem Ende; sondern im Sinn der Darstellung des Konfliktes zwischen zwei verschiedenen Weltanschauungen. Derart gelesen erscheint »Zabriskie Point« dann aber als ein ausgewogener Film, dem es vielleicht nur schadet, »auch« – und sei es bloß dem Anschein nach – eine Liebesgeschichte zu sein.

Was bildet den eigentlichen Gegensatz, der das vorwärtstreibende und wirklich interessante Element dieses einzigartigen Films ausmacht? Vielleicht ist sich Antonioni dessen nicht ganz bewußt gewesen. Vielleicht, wie es im allgemeinen den Künstlern passiert, ist er für sich allein, mittels der »unbewußten« künstlerischen Intuition bei den gleichen Schlüssen angelangt, zu denen schon andere mit dem kritischen Denken gekommen sind. Aber, wie dem auch sei, es steht außer Zweifel, daß der Film den wohlbekannten Konflikt zwischen den freudianischen Lebens- und Todesinstinkten, Eros und Thanatos, und (vielleicht genauer) zwischen Spiel- und Nützlichkeitsauffassung des Lebens versinnbildlicht.

Von diesem Blickwinkel aus gesehen, gliedert und baut sich das Geschehen in »Zabriskie Point« in konsequenter Weise auf, ohne irgendein Mißverständnis oder eine Schwachstelle. Das Leben, das Spiel, das Vergnügen sind

Betätigungen zum Selbstzweck, sie haben kein anderes Ziel als eben gerade das des Lebens, des Spiels, des Vergnügens. So erklärt sich, warum Mark, der protestierende junge Mann, selbst gegen die Protestbewegung protestiert, die doch immer noch ein Ziel hat; warum er dann das Flugzeug stiehlt, aus Lust, Kapriolen in der Luft zu schlagen; und darauf Daria den Hof macht, nur deshalb, weil es lustig ist, einer Frau, die im Auto fährt, mit dem Flugzeug den Hof zu machen; und schließlich mit dem Mädchen Liebe macht, weil es schön ist, mit dem eigenen Körper und mit dem Körper anderer zu spielen. Das Mädchen, ihrerseits, handelt ganz genau gleich: aus Spieltrieb, aus Vergnügen, ohne – das kann man wirklich sagen – Hintergedanken. Dieses Zusamentreffen der zwei Spiele, der zwei Eros', hat seinen Höhepunkt im eingebildeten »love-in« im Sand des Todestales. Was will diese Szene aussagen? Sie will aussagen, daß man es immer so machen müßte; daß Spiel und Eros kommunizieren und lieben machen; daß also das Leben kein anderes Ziel haben sollte als das Leben.

Aber das tiefe Tal, in dem sich das »love-in« abspielt, ist ein Ort von ausgetrockneter Dürre, wo jegliches Leben fehlt. Nicht umsonst heißt es Todestal. Und hier wird der Todesinstinkt sichtbar, dem sich der Lebensinstinkt, Eros, das Spiel zum Selbstzweck, entgegensetzt. Dieser Instinkt wird auf verschiedene Arten, durch den ganzen Film hindurch, an Beispielen erläutert. Da ist die Polizei, die die Universität stürmt; da ist der Flughafen, auf dem die Flugzeuge, Instrumente der Freiheit und des Spiels, bewacht werden; da ist Darias Boß mit seinen Bauspekulationsgeschäften, ist das Dorf, in dem nur uralte Menschen und geschädigte Kinder leben; ist die groteske bürgerliche Familie, die sich, als sie am Rand des Todestales anhält, wünscht, hier möge so bald als möglich ein »drive-in« aufragen; da sind die Geschäftemacher, die in der Villa von Darias Boß über die beste Art diskutieren, wie man die Schönheiten der Wüste touristisch ausbeuten könne; da sind schließlich die Polizisten, in allem Robotern oder Marsbewohnern ähnlich, die Mark, als er landet, ohne Grund töten. So würde der Konflikt, wie in vielen alten und neueren amerikanischen Filmen, etwa in »Easy Rider« oder »Bonnie und Clyde«, mit dem Sieg des Thanatos über den Eros, der Nützlichkeit über das Spiel, des Todes über das Leben enden. An diesem Punkt aber flammt, außerhalb jeder traditionellen Erzähllogik (jedoch schon vorweggenommen und vorbereitet im visionären kollektiven love-in im Todestal), der prophetische Zorn Antonionis auf. Daria stellt sich vor, daß eine thermonukleare Explosion die Villa zerstört. Die Wiederholung der Explosion, so genüßlich und so erbarmungslos, verdeutlicht, daß für Daria die Villa das Symbol für die ganze Konsumgesellschaft ist, und beweist, falls dies nötig war, daß der Film nicht nur eine Liebesgeschichte ist, sondern auch, und vor allem, der Ausdruck eines Gefühls von strenger und polemischer Ablehnung, gemäß der europäischen Tradition vom Respekt vor dem Menschen, der jedoch zu denselben Schlußfolgerungen wie die freudianisch-marxistischen Diagnosen, die von der Protestbewegung formuliert wurden, zu führen scheint. So vereinigt sich die dialektische und psychoanalytische Auffassung vom Bösen als Unterdrückung kurioserweise wieder mit der moralischen Auffassung vom Bösen als Gottlosigkeit. Man entdeckt, daß die Bibel und das Evangelium die gleichen

Dinge gesagt haben wie Freud und Marx. Der Zusammenhang zwischen diesen beiden, auf dieselbe Verdammnis hinauslaufenden Auffassungen wird in »Zabriskie Point« im apokalyptischen Ende gesucht. Ja gewiß, die Apokalypse ist eine sehr alte und unwahrscheinliche Strafe. Aber die thermonukleare Katastrophe, die vielleicht durch die eigene innere Logik der Gesellschaft unvermeidbar geworden ist, hat ihr zu guter Letzt eine bedrohliche Aktualität und bedrohliche Wahrscheinlichkeit wiedergegeben.

Die ganze Originalität von »Zabriskie Point« liegt in diesem Ende, in dieser Prophezeiung der atomaren Katastrophe, die die Konsumgesellschaft »bestrafen« wird, weil sie es zugelassen hat, daß Thanatos dem Eros überlegen ist. Offensichtlich ist Amerika Antonioni als der Ort vorgekommen, wo das Ziel, nämlich der Mensch, zum Mittel wird und das Mittel, nämlich der Profit, zum Ziel. Wo die Dinge mehr bedeuten als die Personen, obwohl sie für die Personen gemacht worden sind. Wo sich schließlich diese verhängnisvolle Verkehrung der Werte, im »guten Glauben« sozusagen, auf den mysteriösen Wegen eines Guten (der industriellen Gesellschaft) zugetragen hat, das sich am Ende als ein Übel herausgestellt hat. Um es kurz zu sagen, Amerika ist ein steriler Ort wie die Wüste von »Zabriskie Point«, wo es unmöglich ist, zu lieben und geliebt zu werden. Aber was ist die Liebe, wenn nicht das Leben selbst in seiner ursprünglichen Form? Also ist Amerika, so wie es heute ist, dem Leben gegenüber feindselig. Man kommt hier auf den wahren Kern der Kontroverse zwischen Antonioni und der amerikanischen Kritik. Das, was die Kritik Antonioni vorgeworfen hat, ist nicht so sehr, daß er Amerika verdammt hat, als daß er die Verdammung nicht in »vernünftiger« Art und Weise begründet hat. Nehmen wir »Greed«, den denkwürdigen Film Stroheims, der auch zum Teil im gleichen symbolischen Todestal angesiedelt ist. Der Geiz, der, nach der Meinung des Regisseurs, die Gesellschaft der Vereinigten Staaten unterhöhlt, ist doch immer noch ein ernster und plausibler Grund. Und in einem Film wie »Bonnie und Clyde« sind die zwei Hauptdarsteller wenigstens zwei glaubwürdige Gangster, deren, vielleicht berechtigte, Auflehnung jedoch auf jeden Fall nur in einer Katastrophe enden konnte. Mark und Daria dagegen sind bloß zwei Verliebte. Antonioni hat eine ganze Gesellschaft der Liebe abwägend gegenübergestellt, und hat sie unzureichend gefunden. Nach Meinung der amerikanischen Kritik ist dieser Vorgang nicht legitim: Eine zarte Idylle kann nicht als Sprengkapsel für das Ende der Welt dienen. Aber wir haben schon gezeigt, daß diese Lesart von »Zabriskie Point«, begünstigt, man muß es eingestehen, vom Regisseur selbst durch seine metaphorische Technik, weder richtig noch nutzbringend ist. Auf jeden Fall muß man, auch wenn man die oberflächliche und vieles außer acht lassende These des Flirts, der die Apokalypse entfesselt, akzeptiert, unserer Meinung nach dieses Mißverhältnis zwischen Ursache und Folge nicht so sehr als Fehler, sondern als Unterscheidungsmerkmal betrachten, das Antonionis Film seine Originalität und Neuheit verleiht.

So ist es wirklich. Kritische Filme gegen Amerika sind zu allen Zeiten gedreht worden, und man muß zugeben, daß die ersten, die die negativen Aspekte des »american way of life« an den Tag geholt und verdammt haben, gerade die amerikanischen Regisseure gewesen sind. Es wird ausreichen, zum Beispiel den schon zitierten Film »Easy Rider« in Erinnerung zu rufen, in dem die rassistische Intoleranz und der amerikanische Konformismus mit einer Heftigkeit aufgezeigt werden, von der in »Zabriskie Point« keine Spur ist. Und doch hat die amerikanische Kritik »Easy Rider« überhaupt nicht angegriffen, im Gegenteil. Warum das? Weil weder in »Easy Rider« noch in irgendeinem anderen amerikanischen oder europäischen Film über die Vereinigten Staaten die neue und erschütternde Hypothese in Aussicht gestellt wurde, daß ein »moralisches« Feuer eines Tages das stolze, moderne Babylon, also die Vereinigten Staaten, zerstören könnte. Alles in allem ist »Zabriskie Point«, wissentlich oder nicht, eine Prophezeiung biblischer Art in Form eines Films. In Zeiten, in denen die Religion noch eine Rolle spielte, war diese Art der Prophezeiung das Normale. – Ein Bild, wie jenes von Dürer, in dem er Lot, seine Frau und die Töchter darstellt, wie sie ruhig einen felsigen Weg entlanggehen, während am Horizont Ströme von Rauch und Flammen aus dem Brand von Sodom und Gomorrha zum Himmel steigen: Es ist vier Jahrhunderte her, daß man solches als etwas beschrieben hat, was wirklich eintreten könnte. Man hat das lange Zeit geglaubt. Antonioni ist wahrscheinlich kein großer Bibelleser, obwohl in ihm offensichtlich unbewußte, weit zurückliegende kulturelle Archetypen gewirkt haben. Aber die Amerikaner lesen die Bibel oder haben sie zumindest bis gestern gelesen. Gerade das Mißverhältnis zwischen der Idylle als Sprengkapsel und dem Weltbrand hat sie argwöhnisch gemacht. Sie haben gespürt, daß es sich nicht um eines der gewöhnlichen polemischen, soziologischen Urteile, sondern um eine »Prophezeiung« handelte. Von daher ihre Reaktion.

Der Film als Form ist normalerweise erzählend, er berichtet von Begebenheiten, die sich mit der Zeit bewahrheiten. Die strukturelle Originalität von »Zabriskie Point« liegt gerade im Endfluch, der den Film durch einen heftigen, moralischen Ausbruch über die Erzähldauer hinausschleudert. Das scheinbare Fehlen eines Zusammenhanges zwischen dem fröhlichen und ahnungslosen Festmahl des biblischen Königs der Chaldäer, Belsazar, und der mysteriösen Hand, die auf die Wand die drei prophetischen Worte »Meneh, Tekel, Upharsin« schreibt: Keine soziologische Untersuchung hat Belsazar davor gewarnt, daß auf dem Gipfel des Wohlstands und der Macht sein Reich von den Medern besetzt werden, daß Darius ihn umbringen und seinen Platz am Thron von Babylon einnehmen wird. Wie in »Zabriskie Point« ist auch in der biblischen Erzählung die Ursache für die Katastrophe nicht ausdrücklich angegeben; aber man kann annehmen, daß Belsazar, gleich wie die puritanische Gesellschaft der Vereinigten Staaten, die mysteriösen und umstrittenen Grenzen, die das Gute vom Bösen trennen, überschritten hatte, ohne sich dessen bewußt zu sein.

Der Beweis, daß dies der wirkliche Sinn von »Zabriskie Point« ist, liegt, wie gewohnt, in seiner gelungenen Ästhetik, die in jeder Sequenz feststellbar ist. Zum Beispiel: die Anmerkungen über das städtische Leben in Los Angeles; die kurzen beschreibenden Stücke über das amerikanische »big business«; die Liebe zwischen dem Flugzeug und dem Auto, in der Wüste; die sich Liebenden im Todestal; Marks Tod bei seiner Rückkehr zum Flughafen, sicherlich die schönste Sequenz des Films. Aber die stärkste Passage ist trotzdem noch immer die Endkatastrophe, die sich Daria in dem Moment einbildet, als sie sich, wie die Frauen von Lot, umdreht, um nochmals die Villa ihres Boß' anzuschauen und diese explodieren, zerfallen sieht. Antonioni wollte mit den Bildern des Films den schon vor längerem erfolgten Zerfall in unserer Kultur darstellen: Und es ist ihm mit der denkwürdigen Schlußsequenz der Zerstörung gelungen. Alle diese Produkte der Konsumgesellschaft, von den Büchern bis zu den Autos, von den Konserven bis zur Kleidung, von den elektrischen Haushaltsgeräten bis zu den Fernsehapparaten, die zwischen Rauch und Flammen in Stücke gehen, nachdem die Villa explodiert ist, und die, in den Himmel geschleudert, langsam wie die Asche und die Lavastückchen einer Eruption wieder herunterfallen — sie geben sehr gut die Vorstellung einer industriellen und technologischen Apokalypse wieder, die durch den endgültigen Sieg des Todes über das Leben in unserer Gesellschaft, die eben gerade eine industrielle und technologische ist, hervorgerufen wird.

Es gibt in Nostradamus' astrologischen Sprüchen zwei Strophen, die das thermonukleare Ende von Antonionis Film zu beschreiben scheinen:

Der Finger des Schicksals schreibt und geht vorüber; hat er geschrieben
So können weder deine Frömmigkeit, noch deine Weisheit,
Es erreichen, daß er auch nur von einer halben Zeile absteht,
Noch alle deine Tränen, daß er ein einziges Wort streicht;

Die große Stadt wird zerstört werden,
Von den Bewohnern wird niemand überleben,
Mauer, Geschlecht, Tempel und geschändete Jungfrau,
Durch Eisen, Feuer, Pest, Kanonen wird das Volk sterben.

Antonioni »wünscht« sicherlich nicht das Ende der Welt; wie übrigens, mit aller Wahrscheinlichkeit, es auch Nostradamus nicht »wünschte«. Statt dessen muß man in »Zabriskie Point« die Wiedereroberung, um der Poesie willen, eines »Genres« sehen, das man bereits als ausgestorben betrachten konnte: das der Prophezeiung, der Wahrsagung, der eschatologischen Vision. Diese Wiedereroberung ist um so beachtlicher, als sie von einem Künstler bewerkstelligt wurde, der bis jetzt die eigene Weltanschauung in den Grenzen einer Individualthematik gehalten hat. In Wirklichkeit ist mit der Endexplosion von »Zabriskie Point«, ziemlich folgerichtig, auch die Kunst Antonionis explodiert. Die Zukunft wird uns zeigen, ob der Regisseur in seinen kommenden Filmen diese Explosion berücksichtigen oder, wie es häufig vorkommt, neue Themen, sei es im Widerspruch zu »Zabriskie«, sei es auch in völlig unbekannter Richtung, aufnehmen und entwickeln wird.

Peter Rosei
zu Antonionis »Zabriskie Point«

Wenn es auch klar ist, daß wir hier ein Märchen vor uns haben, so entzückt es uns doch.

Vielleicht allerdings hat Moravia recht, und es handelt sich bei »Zabriskie« tatsächlich um eine Prophezeiung. Dann müßte man herausfinden können, in welchem Namen Antonioni sie ausspricht. Aus welchem Titel. Und ist es nicht eher ein Fluch, als eine Prophezeiung?

Wenn der Film überhaupt etwas Prophezeiendes hat, so doch nur der Form nach: Antonioni benutzt dieses Muster. Denn wäre er kein Künstler, würde er also seine »Prophezeiung« formlos aussprechen, würde man sich wohl traurig grinsend von ihm abwenden. – Der Künstler als Stellvertreter einer gesellschaftlichen Gruppe? In dieser Konstruktion wäre die Prophetenrolle denkbar, annehmbar. Können wir Antonioni in eine solche Konstruktion hineinstellen? – Doch eher nicht.

Tief zurück in der Zeit, und drinnen, in der Tiefe unseres Fühlens, wissen wir einen Zusammenhang: Auch im Märchen tritt der Stoff ans Licht, der von Wahrheit UND Schönheit funkelt.

Fest steht, daß die Jugend der Siebziger Jahre sowohl die Liebesszenen als auch die Schluß- und Zerstörungssequenz als inbrünstigen Wunsch, als Beschwörung, verstanden hat. Die Träume der Ohnmächtigen sind süß und betörend, farbig und gewalttätig: Glück und Untergang verschmelzen in ihnen. – Im mittlerweile zerbröselten, zerfallenen oder überformten Bewußtsein ursprünglicher Kraft – und jede neue Kraft will Veränderung –

konnte man etwa die Bilder der Explosionen nur mit diesen, und wahrhaftig alttestamentarischen Gefühlen ansehen: denen des Zorns und der Rache!

Ihr habt uns so verstümmelt! Das habt ihr uns angetan! – Jetzt büßt ihr!

Es war der Untergang der ANDEREN, der da herbeigewünscht wurde.

Man wird leicht einsehen, daß, was die Herzen damals redeten, immer wieder geredet, gerufen, geschrien werden wird: von denen, die leiden; von denen, die unterdrückt sind. – Und klar ist auch: Der Beleidigte denkt zu kurz.

Man müßte ihn aufheben.

Die Hoffnungen der Siebziger Jugend haben sich zerschlagen oder, in ihren vielleicht vitalsten Teilen, gewandelt. Die genaue Darstellung der Hoffnungsströme ist kompliziert und heute wohl noch nicht zu bewältigen.

Fest steht, daß, wer damals »Zabriskie Point« als Gesinnungs- oder gar Lehrfilm betrachtet hat, heute mit einiger Fassungslosigkeit in sein mittlerweile grauer gewordenes Gesicht hineinschauen muß: So überschwenglich, so übermütig, so stark, so verzweifelt, so gedankenlos, so naiv, so dumm, so verrückt bin ich also einmal gewesen! – Und die FARBE dieser Fassungslosigkeit wird wohl sehr davon abhängen, ob dann im Flur des Einfamilienbungalows das Telefon läutet und eins der Kinder hinläuft, oder ob der Betrachter danach seine Sachen zusammenpackt, um zu einer Demonstration zu gehen.

Vor dem Hintergrund der Umweltschutz- und der Friedensbewegung muß »Zabriskie Point« neu und anders gesehen werden.

Gerade das Undogmatische, das Grundsätzliche, »Anarchistische« macht die Stärke – und Schwäche von Antonionis Film aus.

Vielleicht versteht man »Zabriskie Point« am besten, wenn man den Film als Thermometer betrachtet, das man sich unter die Achsel klemmt: Er zeigt einem, wo man steht. Gerade weil es ein Märchen ist, bewahrt »Zabriskie Point« die Kräfte des anarchischen Grundes: Es ist dort angesiedelt, wo die Wünsche nicht danach fragen, wie sie Gestalt annehmen sollen: Sie sind einfach da: wild und sanft, betörend und herzzerreißend.

Deshalb – und darüber will ich nun nicht viel Worte verlieren: Es ist zu evident! – ist es die Schönheit der Bilder, die Kraft, was den Wert von »Zabriskie Point« ausmacht. Die Schönheit – »wie gewohnt«, schreibt Alberto Moravia: und in der Tat, sie ist eines der Hauptkennzeichen des Werks von Antonioni überhaupt.

Zurück zu den Siebziger Jahren: Wir haben uns bemüht, in der Übersetzung jenen Klang wieder hörbar zu machen, der diese Jahre bestimmt hat. Und das war: Empfindsamkeit, coolness, Aufbegehren und Draufgängertum – dies Gemisch, das später dann zu dandyistischer Perfektion verkommen sollte. Und es hat sich gleich die Frage gestellt: Soll das hier ein nostalgischer Ausflug in die Vergangenheit werden, oder erzählen wir da eine Geschichte, die auch heute noch aktuell ist.

Ein Marxist etwa wird den Film auch als Märchen bezeichnen, aber in ganz anderem Sinn, als wir es tun: als Ammenmärchen nämlich. »Zabriskie Point« ist dann die Wunschphantasie eines apolitischen, unentschlossenen Intellektuellen. Und diese Sicht, mit dem Zynismus des Machtmenschen vorgetragen, hat einiges für sich: Über die Wünsche der Menschen hinweg – nach Frieden, nach Liebe, nach Schönheit – reichen sich die Dogmatiker, die »Realisten«, die Hand.

Wenn ich mir die Vertreter der sogenannten Grünen anschaue, kommt es mir vor, als sei das, was früher eine Lebensart, Ausdruck einer Hoffnung war, nun selber in die Macht eingerückt – oder eben auf dem Weg dazu. Und ich frage mich, ob mir das gefällt.

Im Hindeuten auf den ungeschiedenen Grund unseres Lebens besteht eine der Hauptaufgaben des Künstlers. Dadurch wird er zum ungeliebten Anzweifler JEDER Macht.

Kürzer tretend: Was uns nebenher zu dem Übersetzungsprojekt noch bestimmte, war die Absicht, durch das Vorhaben selber aufzuzeigen, inwieweit die neuere Literatur jene Verfahrensweisen, die der Film als Gattung insgesamt entwickelt hat, aufgesogen, sich anverwandelt hat: Ideales Ziel dabei: Das technische Drehbuch, als Grundlage und Anweisungsplan für auszuführende ARBEITEN gedacht: Kamera postieren, Beleuchtung einrichten etcetera – müsse sich mühelos als literarischer Text lesen lassen.

Zur Schönheit: Wenn ich mir etwa »Paris, Texas« von Wim Wenders anschaue, und insbesondere die Landschaftsphotographie, sehe ich den Ästhetizismus, der Antonionis Werk trägt, zu einem bösen Ende geführt: Erscheint der Hang zum schönen, cool inszenierten Bild bei Antonioni als sympathischer Zug – es gilt ja, die ungebärdige Kraft eines Wunsches zu bannen – ist die Schönheit bei Wenders längst zum Selbstzweck geworden: Die Gefühle, die sie vorgeblich ausdrückt, gibt es im Filmmacher selber schon gar nicht mehr. Daß, was schön ist, auch kunstvoll sei – diese alte, ausgeleierte

Gleichung: Hier wird sie wieder einmal erfüllt.

Ich frage mich, ob die Leute, die sich auf Antonionis Schultern gestellt haben, ihm gefallen. Natürlich: Er selber ist ein bürgerlicher Künstler – würde der Marxist sagen.

»Zabriskie Point« wird ein Film der Jungen bleiben, derjenigen, die mit der Welt, wie sie ist, ihren Frieden noch nicht gemacht haben: Kafka hat von dem gefrorenen Meer in uns gesprochen, das es aufzuhacken gilt. In dem Bild zeigt sich zuletzt das ganze menschliche Dilemma: Da der Wunsch nach Frieden, nach allseitiger Harmonie, mit der Welt, wie sie ist, kollidiert, wird er seinerseits unfriedlich, gewalttätig: Jetzt plötzlich erscheint die Macht als ein Gut, und es fragt sich nur, welche.

Szenen aus dem Film

Die Bilder in ihrer Reihenfolge

1 Mark in seiner Wohnung

2 Daria und ein Cowboy in der Wüstenbar

3 Mark und Daria treffen sich in der Wüste

4 »Eine Menschenmenge, die sich plötzlich in dieser öden Landschaft versammelt zu haben scheint, um ihr das Leben, das sie vor Millionen Jahren hatte, wiederzugeben.«

5 Daria hindert Mark zu schießen

6 Der seltsame prähistorische Vogel

Bildnachweis

Alle Abbildungen mit freundlicher Genehmigung des Filmverleihs DIE LUPE, Göttingen.